Como usar
a música
na sala de aula

COLEÇÃO
COMO USAR NA SALA DE AULA

COLEÇÃO
como usar
na sala de aula

como usar ARTES VISUAIS **na sala de aula**
Katia Helena Pereira

como usar AS HISTÓRIAS EM QUADRINHOS **na sala de aula**
Angela Rama e Waldomiro Vergueiro (orgs.)

como usar A INTERNET **na sala de aula**
Juvenal Zanchetta Jr.

como usar A LITERATURA INFANTIL **na sala de aula**
Maria Alice Faria

como usar A MÚSICA **na sala de aula**
Martins Ferreira

como usar A TELEVISÃO **na sala de aula**
Marcos Napolitano

como usar O CINEMA **na sala de aula**
Marcos Napolitano

como usar O JORNAL **na sala de aula**
Maria Alice Faria

como usar O RÁDIO **na sala de aula**
Marciel Consani

como usar O TEATRO **na sala de aula**
Vic Vieira Granero

como usar OUTRAS LINGUAGENS **na sala de aula**
Beatriz Marcondes, Gilda Menezes e Thaís Toshimitsu

Como usar
a música
na sala de aula

Martins Ferreira

Copyright© 2001 Martins Ferreira
Todos os direitos desta edição reservados à
Editora Contexto (Editora Pinsky Ltda.)

Preparação de originais
Camila Kintzel

Diagramação
Fabio Amancio/Texto & Arte Serviços Editoriais

Revisão
Sandra Regina de Souza/Texto & Arte Serviços Editoriais

Projeto de capa
Antonio Kehl

Dados Internacionais de Catalogação na Publicação (CIP)
(Câmara Brasileira do Livro, SP, Brasil)

Ferreira, Martins
Como usar a música na sala de aula. Martins Ferreira. –
8.ed., 2ª reimpressão. – São Paulo : Contexto, 2022. –
(Coleção como usar na sala de aula)

Bibliografia
ISBN 978-85-7244-161-2

1. Música na educação. 2. Prática de ensino. 3. Sala de Aula –
Direção I. Título. II. Série.

00-4789   CDD-371.33

Índice para catálogo sistemático:
1. Música na sala de aula: Educação   371.33

2022

EDITORA CONTEXTO
Diretor editorial: *Jaime Pinsky*

Rua Dr. José Elias, 520 – Alto da Lapa
05083-030 – São Paulo – SP
PABX: (11) 3832 5838
contato@editoracontexto.com.br
www.editoracontexto.com.br

Proibida a reprodução total ou parcial.
Os infratores serão processados na forma da lei.

Música para ouvir no trabalho
Música para jogar baralho
Música para arrastar corrente
Música para subir serpente
Música para girar bambolê
Música para querer morrer
Música para escutar no canto
Música para baixar o santo
Música para compor o ambiente
Música para escovar o dente
Música para fazer chover
Música para ninar nenê
Música para tocar na novela
Música de passarela
Música para vestir veludo
Música pra surdo-mudo
Música para estar distante
Música para estourar o falante
Música para tocar no estádio
Música para escutar no rádio
Música para ouvir no dentista
Música para dançar na pista
Música para cantar no chuveiro
Música para ganhar dinheiro
Música pra fazer sexo
Música para fazer sucesso
Música pra funeral
Música para pular carnaval
Música para esquecer de si
Música pra boi dormir
Música para tocar na parada
Música pra dar risada
Música para ouvir música para ouvir
música para ouvir

Música para ouvir
Arnaldo Antunes e Edgard Scandurra

*Para Desidério Ferreira Neto,
em cada canção.*

*Para Rosemary Ferreira,
em cada educação.*

SUMÁRIO

Apresentação 9
I - A música na escola
    Introdução 13
    A música para ensinar 14
        Distinções entre expressão pela música
        e a música como expressão 14
        Como a música pode ajudar no
        aprendizado de outras disciplinas? 24
        Um pouco mais sobre a estruturação
        musical 26

II - Atividades
    A música para cantar 29
        A voz 29
        A canção 38
        A ária e o recitativo 126
        O coral 130
        A cantata 143
    A música para tocar 151
        O instrumento solista (o concerto e o recital) 151
        A sinfonia (e a sonata) 165
        O poema sinfônico 175
        O prelúdio 181
        A suíte 187
        O rondó 194

    A fantasia..201
    A música para dançar...206
        O balé..206
    A música para encenar...211
        A ópera e a opereta...211
        O teatro..221
III - Referências para trabalhos com música
    Bibliografia elementar comparada..................................225
    Multimeios comentados...234
    Internet..237
Agradecimentos...**238**

APRESENTAÇÃO

É bastante raro encontrar no mundo alguma pessoa que não aprecie algum som, seja ele originado da natureza, como o canto de um pássaro, seja ele produzido pelo ser humano, como uma canção qualquer. Indo a extremos, há mesmo quem chegue a afirmar que o som do mar, com as ondas batendo umas nas outras, na areia ou nas rochas, ou o som do motor de uma motocicleta são "verdadeira música" para seus ouvidos.

A partir dessa constatação, percebemos o valor que o som organizado por nós, seres humanos, pode alcançar quando desejamos por meio dele exprimir algo a outra pessoa. Nos meandros de nossas expressões sonoras, encontra-se até a própria transmissão do saber às novas gerações, seja o som do tipo que for: é por meio do som de sua voz que a maioria dos professores, sacerdotes etc. comunica e ensina a seu(s) interlocutor(es). É evidente que a comunicação verbal é por excelência a primeira na escala comunicativa humana; também não é menos verdadeiro que, quando tem a música como aliada, ganha força, entre outros motivos, pelo suporte e penetração mais intensa que adquire a transmissão de sua mensagem original. Muitas vezes é mais eficaz perpetuar um pensamento transmitindo-o verbalmente pelo canto que pela escrita no papel, no papiro, no pergaminho ou na pedra – a história da humanidade prova isso. Todo papel, papiro etc., ou até mesmo toda pedra tocada e trabalhada pelo homem, um dia se acaba. A música, o som ordenado, assim como é uma linguagem universal também é uma linguagem por meio da qual uma ideia é mais bem difundida ao longo dos tempos: mesmo sem escrever quaisquer sinais gráficos que representassem os sons que cantavam, há gerações de monges orientais, por exemplo, que continuaram pelos séculos entoando palavras que aprenderam cantando desde a mais tenra infância com seus mestres. Essa é a transmissão verbal-oral-cantada do conhecimento. O mesmo processo se verifica em tribos de povos primitivos africanos, brasileiros etc. Nesse aspecto, poderíamos dizer que, na ordenação que o homem impõe às coisas do mundo, uma pedra é mais história e uma música é mais tradição.

Este livro propõe-se a oferecer aos que exercem o ofício de ensinar ou transmitir a outras pessoas algum saber, conhecimento, informação, crença ou arte, sugestões, informações e propostas que objetivam tornar seus trabalhos mais agradáveis, práticos, eficientes e produtivos, na medida em que aliem a música, cantada ou tocada, à disciplina que ensinam, para auxiliar a assimilação dos aprendizes. Nas diversas religiões, pelas diversas regiões da Terra e ao longo dos milênios de existência do homem, a prática de associar qualquer disciplina à música sempre foi bastante utilizada e demonstrou muitas potencialidades como auxiliar no aprendizado, porém grande parte dos sistemas educacionais das sociedades modernas, entre os quais incluo a maioria dos sistemas educacionais vigentes no Brasil, têm esquecido sua aplicação na prática de ensino e, ainda que haja a manutenção ou o resgate heroico de tal prática por parte de alguns poucos professores isolados, muitos fazem-no de maneira inadequada, isto é, apreciam e sabem valorizar a música como ela merece, mas muitas vezes enfrentam a falta de conhecimento mais detalhado a respeito dessa arte. O leitor não encontrará, nestas linhas, propostas utópicas (algo como "a cura de todos os males"), mas sim (e antes de tudo) a intenção primeira de provocar o professor para que pense a esse respeito. A intenção subsequente é a de que, uma vez estando ele convencido da utilidade da música em sala de aula como elemento auxiliar, aplique-a em sua disciplina, em benefício seu e de seus alunos, valendo-se de tudo aquilo que relacionamos a seguir, ou repensando minhas colocações no propósito de criar novas possibilidades de atividades com seus alunos. No entanto, lembramos que, antes de qualquer coisa, antes da aplicação de qualquer atividade, é preciso que o professor ouça muita música (não basta ler livros como este), dos mais variados tipos, ou seja, que deixe preconceitos de lado e experimente todas as variedades possíveis, para então formar sua opinião a respeito e, como bom ouvinte que será, saber selecionar aquilo que é mais útil e adequado para si e para o aprendizado de seus alunos.

Esse estímulo para que todos nós, profissionais ligados ao campo educacional, repensemos constantemente a maneira de ensinar é a tônica da coleção na qual este livro se insere. Novas propostas, desde que sejam coerentes e intencionem serem produtivas, devem sempre ser anunciadas, discutidas e aprimoradas, e é desse modo que observo aquilo que escrevi. Portanto, tenho consciência da parcela de inovação ou pioneirismo que minha proposta principal de utilizar a música como subsídio para o ensino de outras disciplinas em sala de aula carrega – e também das falhas que porventura possam acompanhá-la – e deixamos claro que as críticas construtivas evidentemente serão bem-vindas.

O primeiro livro da coleção, *Como usar o jornal na sala de aula*, de Maria Alice Faria, aborda com grande propriedade muitas questões teóricas relativas à educação, com as quais concordamos e que, portanto, não teria razão para repeti-las aqui. Assim, privamo-nos de relatar certos fundamentos pedagógicos, que nortearam a confecção deste livro, no sentido de torná-lo mais compreensível ou as atividades nele propostas mais praticáveis. Porém, caso os especialistas em pedagogia ou os professores tenham interesse em um aprofundamento nesse sentido, indico a leitura do primeiro tópico do referido livro. Do conteúdo de seu discurso será possível abstrair as bases teóricas que orientam esta coleção.

Para facilitar aos professores o manuseio deste livro, optamos por dividi-lo, *grosso modo*, em três partes, com subdivisões internas. O leitor encontrará uma parte introdutória, que aborda " A música na escola", depois uma parte com "Atividades" propostas, ou sugeridas, e uma parte final com "Referências para trabalhos com música", a qual serve de guia para os ouvintes e para os pesquisadores de algo relacionado à música (professores e alunos, entre outros) etc.

O professor deve usar a música para ensinar, e nunca para atormentar. O livro defende esse ponto de vista e esse resgate (em alguns casos) da função e do verdadeiro valor da música dentro de uma sala de aula, como elemento auxiliar na formação do indivíduo. Portanto, o leitor encontrará em todo este livro apenas propostas que partem de uma obra musical composta e já cristalizada como música (independente) para chegar ao conteúdo de uma disciplina que tenha afinidade com certos elementos integrantes da composição musical, seja na questão da estrutura melódica e/ou rítmica, seja nas palavras que acompanham a melodia, e assim por diante, ou seja, a música não é desenvolvida para uma determinada atividade proposta, mas sim uma atividade proposta faz uso dos recursos que cada música pode oferecer em cada caso. É um trabalho fundamentado em analogias e isso não compromete nem a composição musical nem as matérias a serem ensinadas; desse modo, mantém cada arte ou ciência em seu lugar de direito.

I – A MÚSICA NA ESCOLA

INTRODUÇÃO

Quando nos propomos a utilizar a Música associada a uma outra disciplina, com características distintas dessa arte, deparamo-nos com duas pertinentes constatações: uma favorável e outra desfavorável, ambas consequência de a música trabalhar, de modo praticamente exclusivo, com a linguagem sonora. Por tal razão, é bastante compreensível que essa arte de manipulação dos sons encontre melhor afinidade com as disciplinas que estudam a linguagem verbal, posto que esta também se vale, entre outros elementos, da sonoridade. A principal vantagem que obtemos ao utilizar a música para nos auxiliar no ensino de uma determinada disciplina é a abertura, poderíamos dizer assim, de um segundo caminho comunicativo que não o verbal – mais comumente utilizado. Com a música, é possível ainda despertar e desenvolver nos alunos sensibilidades mais aguçadas na observação de questões próprias à disciplina alvo. Porém, paradoxalmente, a principal desvantagem da utilização da música associada à outra disciplina é o fato de ela se caracterizar como outra linguagem e, dessa forma, apresentar inúmeras barreiras ao profissional que intencione dela fazer uso, mas que não a domine (ou pense que não a domina). A música é, por essa razão, um tipo de expressão humana dos mais ricos e universais e também dos mais complexos e intrincados. Portanto, valerá muito ao professor utilizar a música em suas aulas, mas é preciso dedicar-se ao seu estudo, procurando compreendê-la com a amplitude, desenvolvendo o prazeroso trabalho de sempre escutar os mais variados sons em suas combinatórias infinitas, com "ouvidos atentos", e também ler o que for possível a respeito. Se tiver a oportunidade de praticar música, melhor ainda, pois seu domínio se ampliará e o próprio professor passará a ter mais discernimento para elaborar trabalhos mais bem adaptados à realidade de seus alunos. Enfatizamos que este livro, mais do que ensinar, propõe-se a apontar caminhos. É importante que o professor vença sua timidez ou crença de que é incapacitado, musicalmente falando, e desenvolva seus gostos e talentos musicais.

A linguagem musical sempre se caracterizou por uma grande volubilidade, decorrente de suas características potenciais e temporais em termos físicos. Um único som, por exemplo, com seu timbre, altura, intensidade e duração característicos, já é extremamente rico em informações ao ouvinte, quanto mais a combinação diversificada entre muitos deles. Assim, a abstração que a linguagem musical suscita é patente e, como afirmamos anteriormente, é ela que facilita a compreensão do aluno e que dificulta a atuação do professor (mesmo do professor que saiba música, pois uma coisa é ensinar música e outra ensinar outra disciplina fazendo uso da música) na relação aprendizado-ensino como subsídio a uma outra disciplina, esta normalmente fundada em fatos concretos. Neste livro evitamos, na medida do possível, discutir acerca de elementos próprios à teoria musical, uma vez que isso não interessa, a princípio, ao leitor e muito menos, em geral, é matéria de seu conhecimento. Concentrou-se atenções para a sensibilidade às sonoridades, fazendo delas a ponte entre uma determinada disciplina escolar tradicional e a música. Em muitos momentos, será proposto o trabalho interdisciplinar para além de apenas música e uma única disciplina associada, o que favorece muito o desenvolvimento cognitivo e sensitivo do aluno, envolvendo-o de tal forma que ele realmente vivifica (e assim cristaliza em sua memória) uma situação.

A MÚSICA PARA ENSINAR

DISTINÇÕES ENTRE EXPRESSÃO PELA MÚSICA E A MÚSICA COMO EXPRESSÃO

> Quando um compositor está escrevendo uma peça musical, deve planejar seu trabalho com um detalhamento tão cuidadoso quanto um arquiteto ao

projetar uma construção. Em cada caso, o produto final deve possuir continuidade, equilíbrio e forma. Porém, enquanto a arquitetura preocupa-se com o equilíbrio no espaço, a música está voltada para o equilíbrio no tempo. Em música usa-se a palavra "forma" para descrever a maneira pela qual o compositor atinge esse equilíbrio, ao dispor e colocar em ordem suas ideias musicais – ou seja, a maneira como o compositor projeta e constrói sua música (Roy Bennet, *Forma e estrutura na música*, p. 9).

Iniciamos com essas palavras de Bennet não apenas para explicar sumariamente ao leitor o que é "forma musical", mas também para, a partir daí, explorar a gama imensa de possibilidades que a arte de combinar os sons, com suas implicações variadas, fornece-nos.

Poderia começar minha exposição por outros diversos caminhos, porém parece-nos que aquele que toca nas questões ligadas às estruturas das composições musicais é o mais adequado, posto que este livro não parte da premissa de que o leitor seja uma pessoa largamente acostumada a ouvir, ou então a executar músicas, a ponto de conhecer a arte musical em seus aspectos teóricos; ao contrário, nossa intenção primeira nele é evitar a teoria, mas, uma vez que um mínimo dela é necessário para certas explicações, foi procurado ater-se a trabalhar a partir das formas musicais, trabalho esse eficiente e bastante prático.

Na definição acima, Bennet atrela quase que exclusivamente a música ao tempo. Ele nos fala, entretanto, do compositor, e não do músico que executa a música. Nesse segundo caso, é óbvio, temos presente, ainda que por instantes, também a questão espacial, ou seja, o som, a vibração, as ondas sonoras, acontecendo num tempo e num espaço. A questão é que o tempo dessa vibração tem um limite, chega num ponto em que cessa. Então, nesse instante, não há mais música? Sim e não. Sim, porque a organização dos sons dada pelo ser humano foi encerrada, e não, porque a sonoridade da natureza permanece, isto é, permanece o corpo vibrando e a matéria toda que vibra à sua volta. Temos a capacidade auditiva de detectar apenas determinadas frequências sonoras, dando àquelas que não escutamos o nome de "silêncio"; mas o silêncio na Terra de fato não existe, caso contrário não teríamos vibração e, portanto, não teríamos vida. Nós, nossa vida e tudo que a cerca, poderíamos ser considerados como música também, com a distinção não sermos uma organização sonora feita pelo ser humano simplesmente estamos insertos numa "estrutura musical" enorme e extremamente complexa, a qual não dominamos por completo. Fazemos parte de uma organização de vibrações chamada natureza. Quanto ao compositor da natureza... deixemos o assunto para os teólogos e os religiosos, entre outros. Nosso assunto aqui é vibração, é som, é vida, e esse é o melhor caminho para que o leitor possa começar a compreender e a utilizar a música não apenas em sala de aula, mas em seu cotidiano. É por isso que a música harmoniza a vida das pessoas, e é também por isso que sempre damos razão à antiga máxima que afirma: "quem canta, seus males espanta". Cantar é vibrar e vibrar é viver.

Tal qual a facilidade que temos para compreender a combinação que fazemos de fonemas para chegar às palavras, ou dos átomos para chegar às moléculas, e depois registrar as características pertinentes às resultantes, também é muito simples compreender as combinações feitas em música. Se estou combinando sons, é evidente que chega-se a algum resultado, e ele poderá ser agradável (ou não) a mim ou aos meus ouvintes.

Quando estudamos música, estamos aprendendo as regras de organização dos sons em combinação. Claro que se eu fizer uma composição musical, ela poderá continuar não agradando a mim e/ou aos meus ouvintes, porém a diferença básica é que, se eu for um bom músico, provavelmente saberei a razão disso e poderei, então, se desejar, manter minha composição como está, ou modificá-la. Existem, portanto, dois pontos nessa questão: (1) compreender aquilo que faço com a maneira pessoal de expressar-me e (2) ser compreendido por aqueles que me cercam.

É a partir dessa distinção entre o expressar-se pela música e esta observada pelo outro como expressão, que entendemos o triste destino material e o feliz destino espiritual dos quais participaram muitos grandes compositores ao longo da história, os quais souberam compor seus sons do melhor modo para que expressassem seus sentimentos, embora nem sempre tais composições fossem assimiladas por seus ouvintes coetâneos. A grandiosidade deles está também no fato de terem morrido íntegros, ainda que na miséria, sem terem corrompido suas próprias ideias em prol do sucesso imediato, sem terem a preocupação primeira em agradar aos outros, mas cientes de suas contribuições para a evolução da arte a qual se dedicaram, na medida em que possuíam pleno domínio dela.

Nunca devemos esquecer que a música é, além da arte de combinar os sons, uma maneira de exprimir-se e interagir com o outro, e assim devemos compreendê-la. Do mesmo modo como uma série de células deve ser adequadamente combinada para que o resultado seja um tecido ou organismo, e este é mais do que o simples agrupamento, pois existem ligações entre as células, também a música consiste em combinação de sons e as consequentes ligações entre eles, as quais os músicos costumam chamar de "intervalos sonoros". O organismo pode estar inserido num contexto maior, num determinado ambiente, por exemplo, e o mesmo se dá com a música. Os sons (e os intervalos entre eles) podem fazer parte de um conjunto complexo que vai das microestruturas contrapontísticas às megaestruturas timbrísticas. Podemos ter, por exemplo, um grupo de três sons, com os respectivos intervalos entre eles, ocorrendo no mesmo instante de outro grupo de três sons, com outros intervalos, com a necessidade de combinar não apenas os sons que formam cada grupo, mas também de combinar os dois grupos, e por aí vamos até chegar à combinação entre os timbres dos diferentes instrumentos musicais.

A série de possibilidades expressivas em música sempre foi enorme e ampliou-se ainda mais com o avanço da tecnologia eletrônica no século xx. Talvez seja essa abundância de possibilidades que tenha levado muitas pessoas a utilizarem inadequadamente a expressividade musical neste século, ou a recuar e resgatar maneiras mais primitivas de expressar-se pela música.

O desenvolvimento da ciência fornece-nos constantemente exemplos da necessidade que o ser humano tem de, ao observar aquilo que o cerca ou a si mesmo, formalizar. Sempre procuramos estabelecer um critério, uma ordem segundo a qual as mais variadas manifestações ocorrem. Os exemplos são vastos: desde o teorema de Pitágoras até os estudos da estrutura do DNA. Ocorre que, nas disciplinas voltadas mais para o aspecto humano, tal necessidade pode parecer não existir, mas ela existe, ainda que despojada de qualquer consciência a esse respeito por parte do executor da formalização. Eis um exemplo extremo: há casos de escultores autodidatas que aprenderam seu ofício naturalmente, sem orientação alguma e sem que tenham sido sequer alfabetizados, mas mesmo assim formalizam, por exemplo, uma imagem de culto religioso segundo seus pontos de vista acerca da figura e da religiosidade. Desde o mimetismo até a alfabetização, em qualquer cultura, há o reforço desse exercício de formalização constante. A própria organização da vida exige isso. A música, por mais que seja considerada uma das mais puras e vigorosas maneiras de o ser humano expressar suas emoções, o que não deixa de ser verdade, não foge à regra. Dirão alguns que tal afirmação vale apenas para a música desenvolvida dentro dos padrões ocidentais, mas, na verdade, tanto a música oriental como a folclórica, a erudita, a primitiva etc., surgem de algum tipo de organização, variando apenas a intensidade e a qualidade dos critérios que as determinam. Um índio brasileiro pode tocar uma flauta com certa sonoridade apenas num instante preciso e determinado de um ritual. O que acontece é que, para os ouvintes, geralmente não há, e muitas vezes nem teria por que haver, uma preocupação em perceber os detalhes que "se escondem" nos meandros da sonoridade que seus ouvidos identificam. Muitas pessoas costumam classificar a si mesmas como más cantoras, porém raramente se autodeterminam como más ouvintes. Entretanto o que é ser um mau ouvinte? É não saber achar esses detalhes "escondidos"? Não necessariamente. O mau ouvinte é simplesmente aquele que não se predispõe a ouvir e, de preferência, a ouvir de tudo um pouco, para então formar o seu gosto musical a partir de uma base sólida, segundo variadas experiências sonoras vividas. O mau ouvinte, portanto, é o ouvinte limitado. No mais, o bom ouvinte pode se dividir em dois tipos: o que escuta sem nenhum compromisso teórico (são aqueles que, segundo eles próprios, "deixam-se levar apenas pela emoção que a sonoridade lhes causa") e o que escuta preocupado em captar os detalhes. Este segundo é mais curioso, indo à procura do "por que é assim?", "o que distingue uma sonoridade da outra?"; portanto, ultrapassa a emoção em busca da informação e da reflexão.

    As formas musicais são muitas, dentro delas existem diversos gêneros possíveis e dentro destes, estilos variados. Trata-se, pois, de um amálgama formal sonoro de infinitos recursos, sendo que existem algumas disposições mais amplas e distintas que englobam tal diversidade, estabelecendo algumas linhas-mestras. Foram elas que direcionaram, entre outras diretrizes, a exposição das atividades propostas neste livro. A divisão que o leitor encontrará nele, sobretudo em sua segunda parte, discorre sobre a música para cantar, a música para tocar, a música para dançar e a música para encenar, sendo que, no interior de cada um dos tópicos, encontrará uma pequena seleção de algumas formas musicais, que, longe de ser exaustiva, é adequada à proposta do livro – entre tais formas musicais posso citar, por exemplo, a canção, a suíte e a ópera.

Para realizar os trabalhos propostos neste livro, adentrarei nos aspectos formais da música que tenham alguma similaridade com os das demais artes e ciências em geral – evitaremos, ao máximo, a teoria musical mais técnica e profunda –, uma vez que esse caminho parece-me ser o mais adequado tanto para uma boa compreensão por parte do professor não iniciado na arte musical (e também de seus alunos), quanto para não inibir ou desestimular o trabalho com música em sala de aula pelo simples fato de o professor achá-la disciplina totalmente fora de seu alcance. Já para o professor que domina algo no campo da música, servirá de base para que reflita e elabore novos exercícios a partir dos exercícios elementares que propomos. Optamos, portanto, por um dos caminhos mais naturais e viáveis para um paralelismo (ou mesmo interseção) entre música e outra disciplina qualquer. No entanto, é importante que o professor, seja qual for o conhecimento que tenha a respeito de música, não deixe de ter como referência o "ouvinte curioso" que mencionamos anteriormente, ou seja, para que o professor selecione bem as músicas que utilizará em suas aulas, deverá desenvolver seu espírito crítico como ouvinte.

Num exercício preliminar, vejamos uma música brasileira, bastante conhecida, como modelo de análise estrutural musical e em que ponto pode tal estrutura servir a outra disciplina. Referimo-nos ao tango brasileiro, intitulado "Odeon", escrito para piano pelo compositor Ernesto Nazareth, em 1910.

Um dos aspectos mais comuns da estrutura desse tango brasileiro, que, como forma, aparenta-se muito mais ao choro, ao samba e ao maxixe (todos eles em modos binários e de ritmo sincopado) que ao tango argentino, é a divisão interna da música em três partes, que poderíamos chamar de 1, 2 e 3, ou A, B e C, ou qualquer outra denominação diferencial. Adotemos a distinção por letras, por exemplo. Ao ouvir um pianista tocando essa peça num teatro, num programa de televisão ou de rádio, ou numa gravação fonográfica, por exemplo, é bastante fácil perceber que ele executa uma melodia que parece ter começo, meio e fim e depois a repete. Pois bem, essa é a primeira parte ou, para nós, a parte A. Depois ele faz o mesmo com uma segunda melodia, que tem características sonoras (não nos importa por ora quais) distintas da primeira: trata-se da segunda parte ou B. A seguir ele repete o procedimento inicial, então temos novamente A. Depois executa uma terceira melodia, que tem características sonoras distintas da primeira e da segunda parte: essa é a parte C. Por fim o pianista repete a primeira parte e a peça musical está encerrada. Ora, é bem simples, não? Uma sequência que poderíamos formalizar como A-B-A-C-A.

Caso o leitor escute uma gravação em que o pianista execute exatamente aquilo que o compositor escreveu na partitura (sugerimos a gravação do pianista Yukio Miyazaki, lançada em CD pelo selo Revivendo, que nos serviu de base), terá aproximadamente a divisão temporal seguinte:

Primeira parte	A	18″30‴
Repetição da primeira parte	A	18″30‴
Segunda parte	B	18″
Repetição da segunda parte	B	18″
Repetição da primeira parte	A	18″30‴
Terceira parte	C	19″
Repetição da terceira parte	C	19″
Repetição da primeira parte	A	18″30‴
TOTAL		2′28″ (Obs.: com "sobras" do CD, resulta 2′33″)

Bastará, portanto, ouvir a música algumas vezes repetidamente, prestando atenção à melodia, munido inicialmente de um relógio ou cronômetro por meio do qual se possa verificar os tempos de execução de cada parte relacionada acima.

Após esse exercício, você estará mais apto a perceber as divisões internas de melodias que ocorrem em cada música. Obviamente algumas são bem mais simples (como canções folclóricas "de roda"), ou mais complexas (como uma sinfonia) que a citada acima. Caso o professor ainda tenha dificuldade, ou ao aplicar a música *Odeon* para seus alunos necessite de um subsídio que distinga bem as três partes, sugere-se que faça uso da letra que foi adaptada a esse tango brasileiro posteriormente à sua composição apenas como música instrumental, isto é, *Odeon* não surgiu originariamente como uma canção, mas foi "transformada" em uma depois, ou melhor, recebeu posteriormente versos para serem cantados na altura e no ritmo de suas melodias. Apresento, abaixo, a Letra escrita pelo poeta Vinícius de Moraes a pedido da cantora Nara Leão, gravada como "canção" por ela em 1968 em disco (LP) da gravadora Philips:

Ai, quem me dera,
O meu chorinho
Tanto tempo abandonado!
E a melancolia que eu sentia
Quando ouvia ele fazer tanto chorar.
Ai, nem me lembro, há tanto tempo,
Todo o encanto de um passado
Que era lindo, era triste, era bom,
Igualzinho a um chorinho chamado Odeon.

Terçando flauta e cavaquinho
Meu chorinho me desata.
Tira da canção do violão esse bordão
Que me dá vida, que me mata.
É só carinho o meu chorinho
Quando pega, e chega
Assim devagarzinho,
Meia-luz, meia-voz, meio-tom,
Meu chorinho chamado Odeon.

Ah, vem depressa
Chorinho querido, vem
Mostrar a graça
Que o choro sentindo tem.
Quanto tempo passou,
Quanta coisa mudou,
Já ninguém mais chora por ninguém.

Ah, quem diria que um dia,
Chorinho meu, você viria
Com a graça que o amor lhe deu
Pra dizer "não faz mal,
Tanto faz, tanto fez
Eu voltei pra chorar com vocês."

| B |

Chora bastante, meu chorinho,
Teu chorinho de saudade.
Diz ao bandolim pra não tocar
Tão lindo assim,
Porque parece até maldade.
Ai, meu chorinho, eu só queria
Transformar em realidade a poesia.
Ai, que lindo, ai, que triste, ai, que bom
De um chorinho chamado Odeon

| A |

Chorinho antigo, chorinho amigo,
Eu até hoje ainda percebo essa ilusão.
Essa saudade que vai comigo
E até parece aquela prece
Que sai só do coração.
Se eu pudesse recordar e ser criança,
se eu pudesse renovar minha esperança,
se eu pudesse me lembrar como se dança
Esse chorinho que hoje em dia ninguém sabe mais!

| C |

Como se percebe, essa divisão que fiz entre as partes componentes do todo encontra diversas correspondências em outras disciplinas e, assim, a observação de tal música em sala de aula poderá servir de suporte para uma determinada explicação e a fixação da matéria ensinada de maneira agradável e divertida. Entre algumas correspondências possíveis, podem-se citar, como ilustração, as seguintes:

(1) Na matemática: o triângulo de Pitágoras, com seus catetos e hipotenusa A, B e C.
(2) Na química: a combinação de três elementos químicos formando um determinado composto.
(3) Na biologia: a constituição básica de quase todas as células, com seus três elementos mais característicos: membrana celular, citoplasma e núcleo.
(4) Na literatura (portuguesa, inglesa, espanhola etc.): a estruturação de um determinado texto poético onde uma estrofe

se intercala nas outras repetidas vezes, como a parte A entre as partes B e C.
(5) Na história: a estrutura da sociedade feudal, com os senhores (leigos ou eclesiásticos, proprietários de terras), os vilões e os servos – estes dois últimos grupos dependentes do primeiro.

Com tal exercício preliminar, pode-se observar que o campo das formas musicais é verdadeiramente fértil e de fácil assimilação, portanto útil para o trabalho do professor que deseja renovar, dinamizar e busca maior eficiência de aprendizado em seu modo de explicar a matéria. Porém, quando nos referimos à formalização em música, não nos restringimos à formalização estrutural de uma composição, como demonstramos acima, mas também à forma de construção de um instrumento, à forma de condução de uma orquestra por seu maestro, à forma de disposição de um conjunto numa apresentação musical etc.

A partir de agora sempre será abordado uma forma musical (geralmente no plano da composição, mas não só) e proposto exercícios básicos para serem aplicados pelo professor em sala de aula. As atividades serão divididas em: "Área de ampla aplicação", "Área de restrita aplicação", "Objetivo principal", "Nível dos alunos", "Tempo sugerido para o trabalho", "Material e "Desenvolvimento". Cada disciplina indicada na "Área de aplicação restrita", como a terminologia dá a entender, geralmente exigirá maior especificidade para a aplicação de cada música apresentada; está, pois, relacionada mais como possibilidade para algum trabalho interdisciplinar, cruzado ou paralelo, envolvendo cada disciplina indicada na "Área de ampla aplicação", que propriamente como trabalho independente. Cabe, ainda, ressaltar que em "Nível dos alunos" determinamos a partir de que estágio escolar é viável a utilização de cada música apresentada, segundo critérios de dificuldade de compreensão da música pelos alunos, entre outros, e não estritamente os critérios relacionados em "Objetivo principal", por exemplo, ou seja, caberá ao professor, caso haja necessidade, de acordo com suas condições de trabalho, capacidade cognitiva de seus alunos, critérios didático ou pedagógicos pelos quais se oriente, currículo escolar etc., ajustar aquilo que relacionamos em "Objetivo principal" à sua realidade.

Como a música pode ajudar no aprendizado de outras disciplinas?

A música como arte de combinação dos sons é praticamente tão antiga quanto o ser humano, posto que o próprio ato comunicativo verbal é uma sequência de combinações sonoras e, portanto, em certa medida, poderia também ser considerado música. É praticamente impossível discutirmos a respeito da comunicação verbal oral entre os homens pré-históricos, pois, diferentemente da comunicação verbal escrita, não nos ficou registro algum dessa época. Assim, não é descabido, mesmo que improvável, considerarmos mesmo que, já nos primórdios da humanidade, a música tenha servido de subsídio para as primeiras manifestações verbais orais da humanidade. Quem garante que o homem não pensou primeiro em cantar, talvez imitando os pássaros, antes de pensar em falar? E que assim acabou descobrindo que sua voz servia para comunicar-se com os outros – homens e animais – com mais eficácia que seus gestos, por exemplo? Eis aí a música atuando como auxiliar no aprendizado de outras coisas que não dela mesma. Talvez o leitor tenha achado que fui longe demais no tempo e nas probabilidades. Então, que tal refletirmos em como é que, nos dias atuais, um boiadeiro pastoreia pelas fazendas brasileiras, uma pequena boiada que não lhe exija necessariamente a utilização de seu berrante? É com a voz entoando melodias curtas, nas quais os fonemas que pronuncia ficam no limiar entre a linguagem verbal, que ele mesmo e os seus semelhantes da espécie humana reconhecem, e a linguagem "verbal" (ou, antes, sonora ou musical) que seu gado e ele mesmo (em parte), pelo convívio, reconhecem.

Seguindo ainda na exploração do exemplo anterior, ele nos mostra, também, o condicionamento a que algumas curtas melodias podem levar qualquer animal – racional ou irracional. Se não, vejamos algumas ocorrências que nos são comuns e cotidianas: a campainha de nossa casa, o apito do juiz de futebol, o assobio para o cão, as palmas para o artista, as palavras de ordem entoadas para um pelotão de soldados etc. – infelizmente, nos últimos anos, até uma bela melodia para piano de Beethoven, toscamente executada (daí nossa irritação para com ela), tornou-se para nós sinônimo de "caminhão do gás nas proximidades" ou "música de espera de telefone comprado no Paraguai". Como se percebe, nesses exemplos, a combinação sonora constantemente é utilizada como suporte ou subsídio para a memorização e para o aprendizado de qualquer coisa em nossa vida. O impressionante é sua eficácia: com certeza o leitor tem alguns referenciais nesse sentido e jamais se esqueceu deles. Quem nunca ouviu, por exemplo, um galo cantar e, a partir daí, mesmo sem relógio, ou ainda com os olhos fechados, sem saber se havia sol ou não fora de casa, compreendeu que era madrugada? Desse modo pensamos, pois nos condicionamos à melodia executada pelo galo e fixamos, desde a nossa infância, que tal música é sinônimo de um novo dia chegando.

Por ser uma arte tão antiga e tão particular (por ser a única a trabalhar com os sons), a música acabou sendo objeto de inúmeros estudos científicos durante a evolução da humanidade, e tais circunstâncias demonstraram em que medida ela era uma disciplina que envolvia, em seu espectro interno de relações próprias, referenciais de outras disciplinas. Assim, a música ajudou diversos estudiosos a provarem aquilo que afirmavam dentro da área em que atuavam.

Hoje sabemos a relação íntima que a música tem, por exemplo, com disciplinas como a arte (em geral), a língua (portuguesa, inglesa, italiana, latina etc.), a história, a matemática, a física, a biologia, a psicologia, a sociologia, a religião etc., mas isso não a limita, pois ela mantém sempre alguma afinidade com outras tantas, mesmo que não estejam diretamente ligadas ao campo da sonoridade.

Quando propomos trabalhos para serem desenvolvidos com a música em sala de aula, é óbvio que as disciplinas que têm mais proximidade com ela, que também se ocupem, de algum ponto de vista, com os sons, levarão certa vantagem na facilidade de aplicação e desenvolvimento dos trabalhos em relação a outras, mas isso não denota impossibilidades para disciplinas menos afinadas com a música. É importante que o professor leia e reflita sempre sobre aquilo que lê, pois um trabalho proposto em uma disciplina que não aquela na qual é especialista poderá inspirar-lhe novas ideias que sejam adequadas à sua área de atuação.

Quanto a educar, a ensinar outras disciplinas tendo o auxílio da música, é algo que pode ser feito de muitas maneiras – será mostrado algumas delas ao longo deste livro – de acordo com a disciplina e com o assunto que se pretenda abordar. Desconhecemos qualquer livro em língua portuguesa anterior a este que se proponha, de forma tão direta, discutir a questão da utilização da música na escola tradicional como subsídio para o aprendizado escolar de disciplinas diversas e, nesse sentido, seu pioneirismo tem como desvantagem as lacunas e possíveis falhas que eventualmente possa apresentar, inevitáveis a qualquer nova proposta. O livro parte de uma preocupação primeira com o desenvolvimento de novas e produtivas técnicas de ensino que o professor possa utilizar em sua atividade educativa cotidiana. Existem muitos professores que utilizam com seus alunos desde canções para a fixação da matéria ensinada até músicas para exercícios aeróbicos, por exemplo – a própria mensagem contida na epígrafe deste livro é como que uma síntese desses procedimentos. Sabemos que existe o professor de história que lança mão de uma canção da década de 1960 para explicar as manifestações dos jovens desse período, o professor de língua inglesa que se vale de uma canção inglesa para ensinar a língua, e assim por diante. A persuasão e a eficiência da música no ensino não se questiona, mas, além de tal técnica de ensino nunca ter sido formalizada, a não ser com relação a alunos com algum tipo de deficiência, não devemos nunca esquecer que a música, nem por sonho, restringe-se apenas a isso. Trata-se de uma arte extremamente rica e que dispõe de farto e vasto repertório acessível em qualquer lugar do nosso planeta. Como já afirmamos: nossa vida é cercada de sons e de músicas, é preciso é aprender a ouvir – e, se possível, também cantar e tocar. Daí que ensinar, ou aprender ouvindo música é um *accelerando*.

Um pouco mais sobre a estruturação musical

A estrutura musical poderia, por exemplo, ser comparada ao estudo de um corpo com os órgãos, tecidos, células, moléculas e átomos que o compõem, ou seja, podemos estudar apenas seus componentes mais elementares, ou analisar os detalhes de seus microcomponentes – seria algo próximo a determinar, por exemplo, desde se um corpo é vertebrado ou não até como se dá a combinação entre átomos que estão em seu interior. Há, nela, uma vasta série de casamentos (perfeitos e imperfeitos) e separações sonoras ocorrendo constantemente, e que vão desde o aspecto rítmico ou harmônico até o aspecto instrumental. Isso leva, consequentemente, à ocorrência de inevitáveis momentos de tensão ou de relaxamento dentro da estrutura.

Quando trato de questões como forma e gênero musicais, estou no ambiente das combinações entre elementos maiores, mais evidentes a qualquer ouvinte e, por isso mesmo, de mais fácil percepção e assimilação por parte dele. É como observarmos as distinções entre o mel e o sal a olho nu e em condições normais de pressão, temperatura etc., e não observá-los com microscópios, sob condições variadas: é claro para nós, por exemplo, a coloração e o estado físico normal de cada um, sua proveniência mais comum e assim por diante, mas não seus compostos químicos. Por tal razão, procuraremos, aqui, evitar o comentário acerca dos microcomponentes nas composições musicais, o que exigiria um prévio e mais apurado conhecimento da arte musical por parte do leitor, porém não podemos esquecer que estão presentes, ocorrendo a todo instante em todas as músicas e, assim, vez ou outra serão feitas referências a eles, ainda que superficialmente.

O gênero geralmente é determinado pela formação dos grupos musicais (pela qualidade e quantidade das vozes e instrumentos), pelas combinações rítmicas e harmônicas, pelas velocidades etc., enquanto que a forma geralmente abrange os gêneros e algo além deles, isto é, a forma fundamenta-se na estrutura composicional da música como um todo – especialmente na construção dos períodos musicais (sucessão de frases melódicas). Podemos dizer que a dança, por exemplo, é uma forma musical e que, dentro dela, encontramos gêneros como o bolero, o tango, o samba, a rumba, o foxtrote, a chacona, a mazurca e assim por diante. Igualmente teríamos, como forma, a sinfonia e, a partir dela, gêneros como a sinfonia operística, a sinfonia clássica, a sinfonia programática romântica etc., ou ainda a forma canção, com inúmeras variações de gêneros.

Quanto aos microcomponentes que configuram estruturas menores, seria útil, em algumas situações, mas não imprescindível, que o leitor compreendesse um pouco os princípios em que se fundamenta a escrita musical, pois assim se sentirá mais à vontade caso se depare, por exemplo, com uma partitura. Para obter informações mais detalhadas a esse respeito, ou sobre outros assuntos musicais, indicamos a leitura dos comentários feitos na bibliografia, na terceira parte deste livro, procurando encontrar a referência bibliográfica mais adequada para sanar suas dificuldades.

II – ATIVIDADES

A MÚSICA PARA CANTAR

A voz

A voz, riqueza tão natural de nosso corpo, é como um "instrumento musical" que carregamos conosco e que a maioria das pessoas não sabe usar (ou tocar e manter) bem.

O professor faz uso constante dela e, quando trabalha com crianças ou adolescentes, quase sem perceber, acaba levando as potencialidades desse seu delicado "instrumento" ao limite extremo, terminando por prejudicar seriamente seu sistema fonador, às vezes até com graves consequências à sua saúde.

Um detalhe, muitas vezes esquecido, é que são as cordas vocais que produzem o som, mas é o ar expelido que o transporta para fora de nosso corpo. Assim, para que o professor tenha potência em sua voz é preciso que controle a saída do ar de seus pulmões com eficiência, movimentando adequadamente seu diafragma, tal qual o faz o músico que toca um instrumento de sopro como o trompete, a flauta, o clarinete etc., quando precisa extrair um som forte dele. Essas articulações internas do nosso corpo são complexas e nosso controle correto delas somente pode ser aprimorado com a orientação de um fonoaudiólogo e exercícios regulares por ele sugeridos. Nesse sentido, recomendamos a todos os professores que procurem os serviços desse profissional, seja individualmente, seja solicitando à escola em que trabalha uma assistência permanente nesse aspecto para todo o corpo docente. Nunca force sua garganta. Você terá a impressão de que aos gritos pode resolver as coisas, mas isso é ilusão. Chamamos a atenção principalmente dos professores que estão iniciando a carreira do magistério, para que não se prejudiquem mais tarde, abreviando sua atividade profissional por problemas de saúde. Dois conselhos são sugeridos aqui para que você comece imediatamente a se cuidar: (1) quando tiver necessidade de falar em ambientes ruidosos ou de amplo espaço, procure articular mais claramente as palavras, tendo atenção para não fugir do seu volume de voz habitual, e (2) quando precisar falar durante muitas horas, procure fazê-lo pausadamente, respirando com tranquilidade – é muito importante descansar sua voz entre as aulas, ainda que por um breve momento. A ingestão periódica de água também é recomendável.

Nesta parte inicial das atividades propostas, centrarei atenção nas músicas cantadas: foi provavelmente por meio da voz, talvez imitando sons de animais, que o ser humano começou a fazer música. Assim, nada mais adequado do que partirmos do que está dentro de todos nós, até hoje, para fora, para a articulação de sons por meio de artefatos que podem produzir sons.

Temos registros dos primórdios da humanidade nas pinturas rupestres em algumas cavernas, porém o som dessa época, obviamente, pelo fato de a sonoridade existir somente durante um tempo determinado, perdeu-se. Hoje talvez o som mais próximo do que existia na pré-história – guardadas as devidas proporções – seja o som produzido pelos povos primitivos de nosso planeta que ainda preservam uma tradição cultural fundada na oralidade como meio de transferência do saber de geração para geração. Assim, partirei desse ponto, e mais: buscaremos aquilo que está mais próximo das raízes de nosso país, ou seja, a música feita pelas poucas culturas indígenas que ainda resistem à pressão da "civilização" no Brasil. Vejamos como a voz desses povos vibra em músicas afinadas com os sons da natureza.

ATIVIDADE 1

Área de ampla aplicação
Física
Arte
Biologia
Geografia

Área de restrita aplicação
História
Antropologia

Objetivo principal
Em física: observar, por meio das características rítmicas e melódicas da voz solista e seus instrumentos musicais acompanhantes, as constâncias e/ou inconstâncias dos andamentos, durações, intensidades, timbres, alturas etc. nas músicas com vistas a compará-las com quatro categorias de movimento: movimento retilíneo uniforme (MRU), movimento retilíneo uniformemente variado (MRUV), movimento circular uniforme (MCU) e movimento circular uniformemente variado (MCUV).

Em arte: observar, por meio das variantes sonoras existentes nas músicas, como se dá a manifestação artística das variadas tribos indígenas brasileiras.

Em biologia: observar as diversas possibilidades de produção de som vocal pelo ser humano como caminho para o estudo dos aparelhos fonador e auditivo (estudo das articulações dos lábios, língua etc. e dos órgãos envolvidos no processo).

Em geografia: a partir da manifestação musical dos índios das regiões Norte e Centro-Oeste do Brasil, traçar o perfil das comunidades indígenas dessas regiões, seus modos de vida e subsistência, suas culturas, seus problemas etc.

Em história: com base na informação contida nas letras antigas e tradicionais das melodias, levantar hipóteses para serem discutidas em sala de aula a respeito da história do Brasil antes da chegada dos colonizadores à nossa terra ou ainda abordar problemas relacionados à convivência dos nativos brasileiros com os homens brancos e negros oriundos de outros continentes.

Em antropologia: estudar as comunidades indígenas brasileiras a partir de trabalho próximo ao descrito acima para a disciplina geografia.

Nível dos alunos

Em geral, a partir do 1º ano do ensino médio, dependendo da disciplina.

Tempo sugerido para o trabalho

4 aulas – mínimo.

Material

Músicas/intérpretes sugeridos:

(1) "Tchori, Tchori", compositor anônimo, dos índios Jaboti de Rondônia. Marlui Miranda e grupo Uakti, disco *IHU: todos os sons* de 1995, Pau Brasil.

(2) "Ju Paraná", compositor anônimo, dos índios Yanomami de Roraima.

(3) "Ñaumu", compositor anônimo, dos índios Yanomami de Roraima.

(4) "Awina/Ijain je e", compositor anônimo, dos índios Pakaa Nova de Rondônia. Marlui Miranda (idem ao anterior).

(5) "Mena barsáa (bayá barsáa)", compositor anônimo, dos índios Tukano do Amazonas.

(6) Marlui Miranda e grupo Beijo (Coralusp), idem ao anterior.

Desenvolvimento:

Os professores das áreas de aplicação poderão trabalhar em conjunto ou não. No primeiro caso, é bom que se organizem nas atividades e nos conteúdos das disciplinas para que tais músicas possam ser apresentadas às classes comuns numa mesma época do ano escolar, tendo ainda o cuidado de não esgotar os alunos com repetições desnecessárias das músicas em sala de aula. No segundo caso, cada professor deverá extrair da exposição abaixo aquilo que interessa à sua disciplina.

A cantora Marlui Miranda é uma das mais respeitadas pesquisadoras da música e da cultura indígena do Brasil, e os resultados de seus trabalhos encontram-se registrados nos discos e livros que produziu. Um de seus melhores discos é o intitulado *IHU: todos os sons*, que foi lançado em 1995 juntamente com um livro homônimo. Todas as músicas indicadas acima encontram-se nesse disco. No livro é possível encontrar detalhes sobre as pesquisas e sobre cada música, além das partituras, com os arranjos instrumentais do disco, os versos cantados etc.

O trabalho que propomos ao professor de física é o de apresentar algumas das músicas desse disco a seus alunos e, por analogia, explicar certas classificações existentes dentro do conceito de movimento. O professor pode, por exemplo, explicar o que é movimento em física e demonstrar alguns de seus tipos comparando-os com a expressividade musical característica de cada uma das músicas. Para isso, deve munir-se de um aparelho de som (portátil, por exemplo) e ligá-lo, após a explicação teórica, para que toque o CD ou a fita cassete com a gravação das músicas previamente selecionadas. Durante a audição, deve escrever o nome das músicas na lousa na ordem de apresentação e orientar seus alunos para que observem as constâncias e as inconstâncias dos andamentos, durações, intensidades, timbres, alturas etc. presentes e determinantes em cada uma delas. Terminada a audição, deve perguntar aos alunos com qual das músicas associariam cada um dos movimentos estudados e debater com eles o que os levou a tal associação. Dessa forma, os alunos fixarão melhor a matéria, pois a aprenderam por meio de uma aula diferente daquela a que sempre estiveram acostumados. A ruptura daquilo que é repetitivo sempre é atraente para os jovens: desperta seu interesse. Muitas vezes conseguimos ótimos resultados com nossos alunos quando, com criatividade, oferecemo-lhes uma nova proposta no aprendizado da matéria que lhes ensinava, algo diferente, que rompia com a monotonia – muitas vezes é essa monotonia a "mola propulsora" (para não abandonarmos a área da física) da preguiça, que leva à não realização das tarefas, e do tédio, que conduz à aversão à aula e consequente indisciplina. A criança e o jovem são dinâmicos por natureza, por isso é preciso estimulá-los e canalizar a grande energia que têm num sentido produtivo do aprendizado. Obviamente é preciso inovar seguindo certas normas e critérios para que a aula não descambe para a dispersão ou relaxamento exagerado por parte dos alunos.

Para o movimento retilíneo uniforme (MRU), utilize a música "Tchori Tchori", que parte de uma melodia com começo e fim e apresenta uma constância principalmente na célula rítmica dos instrumentos acompanhantes: para o movimento retilíneo uniformemente variado (MRUV), utilize a música "Ju Paraná" que também apresenta uma melodia com começo e fim, mas que tem andamentos musicais e matizes melódicos e timbrísticos bastante variados; para o movimento circular uniforme (MCU), utilize a música "Ñaumu", um exemplo musical raro em que a melodia é circular, ou seja, não tem pontos precisos que se possa definir como começo ou fim da mesma e, além disso, mantém um andamento musical, um ritmo, uma melodia etc. constantes, repetitivos e sem variações; finalmente, para o movimento circular uniformemente variado (MCUV), utilize a música "Awina/Ijain je e'", que apresenta uma melodia mais definida que a da música anterior – ainda que bem pouco: ela varia minimamente o timbre da voz da cantora e as frases melódicas. Portanto, aqui, a circularidade não fica tanto por conta da melodia principal, mas do seu acompanhamento, feito apenas por uma percussão de latinhas, que altera pouquíssimo a célula rítmica e melódica que executa. Tal célula quase sempre ocupa o espaço justo de um compasso da música, o que resulta numa sonoridade que nos dá a impressão de algo que gira constantemente. Algumas variações mínimas, nesse caso, poderiam ser equiparadas à variação de velocidade, por exemplo.

Recomendamos a leitura da documentação a respeito dessas músicas presente no encarte que acompanha o CD, e também no livro mencionado, pois assim o professor compreenderá melhor a própria referência cultural de tais melodias, e isso com certeza o auxiliará na aproximação com a matéria a ser ensinada – a melodia da música "Ñaumu", por exemplo, assim como a das demais músicas, tem razões culturais que justificam as suas características musicais, apontadas acima.

O professor de arte poderá realizar uma atividade de pesquisa com seus alunos voltada para a cultura dos índios do Brasil que tenha como base algumas músicas produzidas por eles. Caso tome como base, além das músicas acima indicadas, também os dados musicais documentados por Marlui Miranda e outros pesquisadores, perceberá que é possível analisar muito bem com seus alunos uma das vertentes da cultura nacional, principalmente com relação ao folclore, que geralmente não recebe a devida atenção da programação disciplinar. Sem desmerecer os valores das culturas imigrantes que também formaram nossa riqueza artística, é preciso voltar um pouco nossas atenções para a arte indígena, não apenas no sentido de preservação das tribos ou por motivos ecológicos, mas sobretudo pela capacidade que tem, em sua simplicidade, de sintetizar, em suas manifestações expressivas, elementos genuínos de nossa terra. Começar a despertar o interesse dos alunos para tal estudo por meio dessas músicas, essencialmente vocais, é de bom grado: elas fornecem ao professor uma amostragem sonora variada das tribos indígenas brasileiras. Caso o disco indicado não tenha músicas suficientes para o trabalho que pretende realizar, há um segundo disco de Miranda, no mesmo feitio, lançado posteriormente a esse indicado, além de alguns CDs lançados pelas próprias tribos, numa iniciativa inovadora.

Na área de geografia, o professor poderá contar, por exemplo, como essas músicas que indiquei de tribos de Rondônia, Mato Grosso, Roraima e Amazonas, para traçar o perfil das comunidades indígenas nas regiões Norte e Centro-Oeste do Brasil, abordando seus modos de vida e subsistência, suas culturas e seus problemas, entre outros aspectos. É produtivo elaborar uma apresentação de *slides*, com informações técnicas da área geográfica intercaladas com fotografias, que tenha como fundo musical as gravações indicadas. Outra possibilidade de trabalho é ouvir as músicas com os alunos munidos dos textos de documentação necessários, identificar o tema que a letra de cada música privilegia e extrair dele apontamentos para estudos na disciplina, pondo em relevância alguns problemas descritos – a música "Ju Paraná", por exemplo, é um canto que provavelmente relata uma grande enchente de um rio ocorrida no passado e suas consequências.

Qualquer ouvinte poderá notar, ao escutar as cinco músicas que relacionamos, o quanto o sistema vocal humano é versátil em seus modos de produzir sons. Todos os cantos são apresentados pela mesma cantora, porém os arranjos vocais (e instrumentais) diferem muito, inclusive em termos timbrísticos, em decorrência de articulações variadas no sistema fonador. Esse poderá ser um bom tema para ser discutido numa aula de biologia, por exemplo, em que o professor mostre tais músicas aos seus alunos e explique sobre os aparelhos fonador e auditivo humanos, observando nossas potencialidades para a produção de sons vocais, ou seja, os alunos terão a exposição da matéria, a explicação do professor do resultado sonoro que pode ocorrer caso as articulações sejam diferenciadas intencionalmente pela cantora e o exemplo prático de tudo isso. O aparelho auditivo pode ser estudado conjuntamente, pois está envolvido no processo de os próprios alunos escutarem e identificarem as diferenças entre uma e outra música.

Uma atividade semelhante a uma das propostas acima para a área de geografia poderá ser aplicada pelo professor de história, com sucesso para o ensino de sua disciplina: refiro-me àquela em que os alunos identificam o tema que a letra de cada música privilegia. Quando realizam esse tipo de análise podem, com a orientação do professor, desenvolver reflexões, por exemplo, relacionadas com a história do Brasil antes da chegada dos colonizadores ao nosso país, ou, de outro modo, relacionadas à convivência entre nativos brasileiros e homens brancos e negros que migraram para cá no período colonial. A informação contida nas letras desses cantos indígenas, bem como a documentação que as acompanha, podem promover o levantamento de variadas hipóteses para discussão em sala de aula a fim de elucidar aquilo que, historicamente, seja mais provável. Note que, mais do que ensinar fatos históricos, dessa forma o professor estará ensinando a seus alunos a prática da pesquisa histórica, mostrando-lhes que existe uma necessidade constante de se procurar a verdade dos fatos, ainda que, muitas vezes, ela não esteja evidente.

Nessa linha das atividades propostas para geografia e história, também poderá o professor de antropologia desenvolver alguns trabalhos com seus alunos, visando, sobretudo, ao estudo das comunidades indígenas brasileiras. As letras e as melodias, antigas e tradicionais, desses cantos provenientes de tribos variadas podem promover o início e o estímulo de profícuas pesquisas na área, ou seja, por meio de elementos culturais, o professor direcionará seus alunos, por exemplo, para a compreensão de aspectos sociais comuns às comunidades indígenas brasileiras – e isso pode, entre outras coisas, fornecer indicativos de como provavelmente se comportavam as comunidades indígenas extintas.

Sugestão

Outras músicas que podem servir para o trabalho em física são, por exemplo, "Prelúdio nº 1 do Cravo bem Temperado" de J. S. Bach, para o MRU, em contraste com algumas peças do "Microkosmos" (para piano) de Bela Bartok, para o MRUV; ou, ainda, de Heitor Villa-Lobos, o "Estudo nº 2, em Lá maior, para violão solo", para o MRU, e o "Prelúdio nº 1, em Mi menor, para violão solo", para o MRUV, e assim por diante. Para o MCU, é difícil encontrar muitas alternativas diferentes em música; uma que é aproveitável é a canção "Canto de Nanã", de Dorival Caymmi, que foi gravada pelo grupo MPB4. Ouvindo várias melodias, certamente o professor terá outras ideias a partir das propostas que fiz acima.

Com relação às demais disciplinas ou ao tema acima abordado, veja outras músicas relacionadas neste livro, sobretudo no tópico a respeito da canção, após a proposta em geografia sobre o estudo da hidrografia brasileira.

A canção

É uma forma musical de ordem antiga e profana. É uma das mais produtivas para trabalharmos em sala de aula, uma vez que a música tem como forte aliada a expressão verbal da letra que a acompanha. Porém muitas pessoas, quando utilizam a canção, estudam apenas a sua letra, esquecendo-se de que ela é material mais específico da área de literatura do que propriamente da música. Portanto, o professor deve observar igualmente as características particulares das melodias, harmonias, ritmos, arranjos etc. quando propõe aos seus alunos uma atividade envolvendo alguma canção.

Geralmente a canção anterior aos movimentos artísticos (musicais, poéticos etc.) que vimos brotar no século XX tinha um formato mais tradicional, compondo-se de estrofes com igual número de versos e de igual métrica. Essas características formais em grande parte perderam-se, sendo que, atualmente, é mais comum determinar o tipo de canção a partir do gênero rítmico-musical a que mais fortemente ela esteja ligada. Daí surgirem denominações do tipo samba-canção, por exemplo.

Após as mudanças no comportamento social dos jovens no decorrer das décadas de 1950, 1960 e 1970, somadas ao avanço e barateamento de custos das tecnologias de gravação fonográfica, a canção incorporou, ainda, uma ampla gama de ritmos musicais repetitivos que fomentaram sua aplicação como "música para se dançar", além de tornar-se um poderoso elemento mobilizador de multidões, na medida em que possibilita alguma mensagem verbal clara (geralmente política) em seus versos e o estímulo (dos mais diversos tipos) em suas melodias, ritmos etc. conjuntamente. Assim, é no mínimo inconsequente alguém tentar definir canção hoje nos padrões de algumas décadas atrás. Persiste a definição de ser uma melodia musical geralmente curta, em comparação com outras formas musicais vocais como *cantata*, oratório etc., à qual se atrela necessariamente uma letra (ou uma poesia, como preferem definir alguns), sendo, na maior parte das vezes, cantada por um único intérprete, acompanhado ou não por um ou mais instrumentos musicais. Determinar, hoje, algo para além disso, é passar a definir um tipo de canção e não mais a forma canção como um todo.

Como afirmamos, logicamente o professor dever fazer uso da letra de cada canção, mas nunca deverá esquecer de trabalhar com seus aspectos musicais também – seria como falar de um corpo esquecendo-se da alma, ou vice-versa. Ou seja, os versos de uma poesia geralmente não são frios, mas os de uma letra de canção, exilados de sua música, geralmente o são. Como este livro não dispõe de algum material anexo com gravações fonográficas, nos limitaremos apenas a indicar certas canções que possam ser utilizadas em atividades em sala de aula, disponibilizando aqui algumas de suas letras com vistas a facilitar os estudos ou as pesquisas que se façam necessários, tanto pelos professores quanto pelos alunos. É claro que muitas canções que o leitor conhece não estão relacionadas aqui – nem teria como, já que a proposta não é fornecer ao leitor um "Cancioneiro" nacional ou internacional. A seleção feita segue meramente o critério de exemplificação a partir de certas canções que foram julgadas adequadas para um trabalho produtivo numa atividade em sala de aula. Cabe a cada professor refletir a partir das propostas para que encontre outras canções, entre as inúmeras existentes no Brasil e em outros países, que possam também lhe ser úteis, talvez até mais úteis do que as inicialmente propostas.

Podemos fazer uma rudimentar divisão do modo como o professor pode direcionar seu trabalho em classe a partir do exame de certas características pertinentes a área de cada canção. O ensino da matéria de sua disciplina, tendo como subsídio alguma canção, pode focalizá-la, no que tange à letra, sob o aspecto do exemplo concreto, da comparação paralela ou da comparação inversa (ou "ao contrário"). No primeiro aspecto, a letra trata do caso tal como ele é ou tal como ele ocorre, ou seja, há um compromisso direto com a verdade – dois exemplos: a música "Passaredo", de F. Hime e Chico Buarque, tem uma letra em que os nomes populares de diversas espécies de aves são relacionados; a música "Exaltação a Tiradentes", de Mano Décio, Penteado e E. Silva, tem uma letra na qual a história de Tiradentes começa sendo contada com os versos: "Joaquim José da Silva Xavier morreu a 21 de abril pela independência do Brasil (...)", ou seja, espelham aquilo que todos os livros de História do Brasil narram como fato verdadeiro.

No segundo aspecto, a letra trata de um caso fictício, simulado ou algo assim, porém há algum compromisso, ainda que indireto, com a verdade, de modo que o professor possa tomar a mensagem da letra para um debate entre seus alunos. Dois exemplos:

1) na música "Eu nasci há dez mil anos atrás", os compositores Raul Seixas e Paulo Coelho oferecem-nos uma letra em que narram fatos tidos como verídicos da história da humanidade, porém utilizam-nos como prova para um fato absurdo e insólito: o de um ser humano, no caso um cantador a quem o intérprete da canção se refere, ter vivido mais de dez mil anos;

2) a música "Dezessete e setecentos", de Luiz Gonzaga e Miguel Lima, traz uma letra que conta sobre uma questão entre um pagador (comprador) e um recebedor (vendedor), sendo que o segundo não devolve o troco correto ao primeiro. Criado o impasse, independentemente de ele ter mesmo ocorrido ou não, o refrão na música enfatiza o cálculo da conta matemática exata: "Eu lhe dei 20 mil-réis pra tirar 3 e 300, você tem que me vortá 17 e 700 (...)", portanto um cálculo correto, verdadeiro.

Finalmente, no terceiro aspecto, a letra trata do contrário do caso tal como ele, ou tal como ele ocorre verdadeiramente. Isso possibilita uma comparação às avessas ou, melhor definindo, uma comparação inversa, visto que o professor parte de uma mentira, uma falácia ou um conceito tido como errado, apresentado aos seus alunos para demonstrar, pela comparação, a verdade, o conceito correto. Esse descompromisso total com a verdade geralmente é encontrado nas melodias e nos versos da canção de cunho irônico ou fantasioso – uma reminiscência das cantigas de escárnio ou de maldizer da época medieval. É importante destacar que os compositores dessas canções podem "errar" propositadamente – e isso requer talento – ou por incompetência mesmo, porém é quase impossível julgarmos a partir de uma única canção. Dois exemplos:

1) a música "I'm not dog no", de Falcão e Tarcísio Matos, uma versão do português para o inglês da canção "Eu não sou cachorro não", de Waldick Soriano, mostra, desde o seu título em inglês, que a versão foi feita a partir de uma tradução "ao pé da letra", como se costuma dizer, e desse modo foi completamente infeliz em termos de acerto na escrita da língua inglesa. O professor de inglês pode tomar a letra dessa canção para demonstrar como é que não se escreve nesse idioma.

2) a música "Samba do criolo doido", de Sérgio Porto, traz em sua letra versos como este: "Joaquim José, que também é da Silva Xavier, queria ser dono do mundo e se elegeu Pedro II", ou seja, retratam o inverso, uma informação falsa com relação àquilo que os livros de história do Brasil apresentam como verdade. Tiradentes não recebeu o título de "Pedro II" – que, aliás, é outra figura da história do Brasil –, muito menos foi "eleito" como tal e sua intenção não era megalômana a ponto de querer ser "dono do mundo". Portanto, para o professor de história, basta confrontar essa letra com a da canção que comentei acima, intitulada "Exaltação a Tiradentes", e ainda comparar ambas com os fatos apresentados nos livros de história, para dispor de um rico material para um produtivo trabalho em sua disciplina a partir da música. O ensino feito por meio da comparação, por exemplo, tem se mostrado eficiente ao longo da história da humanidade – veja o caso, entre outros, das parábolas de Cristo. Ele permite a reflexão e interpretação por parte dos alunos e isso é muito produtivo, pois ensina a raciocinar e a desenvolver suas próprias ideias. Essas músicas de caráter humorístico, irônico etc. são ótimas para serem utilizadas, pois permitem que o ensino seja descontraído e atraente. Os alunos passam a aprender observando também os erros, e não apenas os acertos.

ATIVIDADE 2

Área de ampla aplicação
História

Área de restrita aplicação
Literatura

Objetivo principal
Em história: estudar o descobrimento do Brasil.
Em literatura: analisar exemplos de desenvolvimento de textos poéticos a partir de um mesmo tema.

Nível dos alunos
A partir do 6º ano do ensino fundamental.

Tempo sugerido para o trabalho
3 aulas ou mais.

Material
Músicas/intérpretes sugeridos:
1) "Bem Brasil", de Wandi e Premeditando o Breque. Premeditando o Breque e Caetano Veloso, disco *O melhor dos iguais*, EMI-Odeon.
2) "Desenredo (G.R.E.S. Unidos do Pau Brasil)", de Luiz Gonzaga Júnior. Luiz Gonzaga Júnior, disco *Gonzaguinha da vida*, EMI-Odeon.
3) "Brazil com S", de Rita Lee e Roberto de Carvalho. Rita Lee, disco *Rita Lee – Roberto de Carvalho*, Som Livre.
4) "Chegança", de Antonio Nóbrega e Wilson Freire. Antonio Nóbrega, disco *Madeira que cupim não rói*, Brincante-Eldorado.

Desenvolvimento

As quatro canções tratam, de modo diferenciado, de um dos assuntos mais relevantes da história do Brasil: o descobrimento de nosso país pelo navegador português Pedro Álvares Cabral. São, portanto, ótimas para a utilização em sala de aula pelo professor de história. Em razão de os versos e as melodias das quatro canções apresentarem pontos de vista distintos partindo de um mesmo tema, também poderão dar suporte às explicações dos professores de literatura, quando ensinarem aos estudantes, por exemplo, o que são o título, a ideia central e o desenvolvimento temático de um texto, na poesia ou na prosa. Poderá fazê-lo analisando, detalhadamente, as relações estruturais internas da letra de cada canção.

A primeira música, "Bem Brasil", propõe apresentar, por meio de um samba genuíno e irônico, o que é atualmente o Brasil, a partir da formação do país desde o descobrimento. Na gravação indicada, os músicos, com inteligência e originalidade, introduzem a peça musical com um breve "canto gregoriano", composto por eles sobre o trecho da famosa carta de Pero Vaz de Caminha ao rei de Portugal, D. Manuel I. O trecho mencionado tem tudo que ver com a interpretação que o conteúdo da letra apresenta sobre o que é o Brasil.

Na segunda canção, há outra dose de ironia. Por meio de um samba mais recatado e cadenciado, Gonzaguinha nos oferece a comparação do Brasil com uma escola de samba, mostrando, sob outra ótica, nossa formação social e cultural. Esmiuçando a letra, é possível encontrarmos traços de crítica política, característica composicional desse músico.

A canção de Roberto de Carvalho e Rita Lee inicia-se com um verso cujo duplo sentido permite que o classifiquemos tanto como uma frase de conteúdo sério, quanto uma frase de conteúdo irônico: "Quando Cabral descobriu no Brasil o caminho das Índias (...)". Em sua letra os compositores apresentam, direta ou indiretamente, algumas figuras relevantes da história de nosso país, como Cabral, Dom Pedro, Fernão Dias

Paes etc., e destacam nossa cultura e nossa natureza, concluindo que os estrangeiros não conhecem realmente o Brasil, pois chegam a escrever o nome do nosso país com a letra "Z" em lugar da letra "S", inclusive no mapa do mundo.

Finalmente em "Chegança", a descoberta do Brasil pelos portugueses é comentada segundo o ponto de vista dos índios, únicos habitantes de nossa terra antes da chegada dos estrangeiros. Interessante a relação de nomes de tribos indígenas que Antonio Nóbrega relata no início dessa música – o cantor Jorge Ben Jor realizou algo semelhante na interpretação que deu à canção "Todo dia era dia de índio", de sua autoria.

ATIVIDADE 3

Área de ampla aplicação
História

Objetivo principal
Em História: desenvolver estudos sobre os políticos brasileiros.

Nível dos alunos
A partir do 6º ano do ensino fundamental.

Tempo sugerido para o trabalho
3 aulas ou mais

Material
Músicas/intérpretes sugeridos:
1) "Onde está a honestidade?", de Noel Rosa e Kid Pepe. Ivan Lins, disco *Viva Noel 1*, Velas.
2) "Presidente bossa-nova", de Juca Chaves. Juca Chaves, disco *Os grandes sucessos de Juca Chaves*, Premier-RGE.
3) "Apesar de você", de Chico Buarque. Chico Buarque, disco *Chico Buarque*, Polygram.
4) "Inútil", de Roger. Ultraje a Rigor, disco *O mundo encantado do Ultraje a Rigor*, WEA.
5) "Brasil", de Cazuza, George Israel e Nilo Romero. Cazuza, disco *Ideologia*, Polygram.

Desenvolvimento
O conjunto das canções indicadas permitirá ao professor de história expor um panorama sobre aspectos da classe política brasileira durante todo o século XX. Nesse período, ela esteve sujeita a críticas, ácidas ou irônicas, por parte dos compositores de canções. De certo modo, as letras de tais canções reproduzem o conceito de grande parte da população brasileira sobre o que

é "política" e mostra que os princípios que o norteiam pouco se alteraram com o passar das décadas.

A composição de Noel Rosa, de 1933, apresenta uma ironia cínica, a criticar o "povo" como se fosse possuidor de uma visão curta para observar as "verdades" relacionadas aos políticos. Alguns de seus versos afirmam: "O seu dinheiro nasce de repente e, embora não se saiba se é verdade, você acha nas ruas diariamente anéis, dinheiro e felicidade... E o povo já pergunta com maldade: onde está a honestidade?"

A segunda canção é de um músico especialista em zombar das atitudes de políticos brasileiros: Juca Chaves. Essa é apenas uma de suas criações desse tipo. Nela o compositor sugere que é muito bom e agradável ser um presidente no estilo "bossa-nova", como se julga ser o então presidente do Brasil na ocasião em que escreveu a canção, Juscelino Kubitschek. Em certos versos, o professor encontrará referências implícitas a fatos do período ligados às atitudes desse presidente.

Criada em 1970, no período do governo militar no Brasil, a canção "Apesar de você" teve dificuldades para obter a liberação dos órgãos de censura do governo, o que aconteceu de fato apenas em 1978. É um samba tradicional cuja letra, por meio de metáforas, critica duramente os governantes brasileiros da época, os quais eram, geralmente, pessoas formadas nos ambientes das forças armadas e políticos ligados a elas. A canção enfatiza que a esperança por dias melhores ainda existe, apesar do regime ditatorial. "Hoje você é quem manda: falou, tá falado. Não tem discussão." Mas, "apesar de você, amanhã há de ser outro dia" e "você vai se dar mal".

"Inútil" é uma canção que se mantém numa linha de humor semelhante à que encontramos na composição de Noel Rosa, porém trata de uma época mais recente: mostra, indiretamente, a própria população brasileira ignorante e ciente de suas condições e de seu atraso, afirmando-se como inútil para realizar qualquer coisa, pois não sabe escolher presidente, não sabe tomar conta de si mesma e assim por diante; o reforço de tais afirmações está no modo errado de expressar-se verbalmente, segundo a norma culta, fato que apontaria a suposta falta de instrução do cantor no que se refere às normas gramaticais prescritivas do português.

    A mais agressiva dessas músicas é "Brasil", que, por meio de um rock apresenta uma letra que faz crítica à falsidade das pessoas que detêm o poder no país. Os compositores indiretamente perguntam para onde vai o dinheiro que o governo brasileiro arrecada da população, quando indagam sobre quem é o sócio do Brasil, ou seja, quem é aquele que não é apresentado aos contribuintes, mas que tem participação na arrecadação.

ATIVIDADE 4

Área de ampla aplicação
Geografia

Área de restrita aplicação
Língua portuguesa

Objetivo principal
Em geografia: abordar os processos migratórios principalmente da região Nordeste para a região Sudeste do Brasil no decorrer da segunda metade do século xx.
Em língua portuguesa: analisar a formação de novas palavras dentro do português falado no Brasil, observando exemplos dentro das letras das canções.

Nível dos alunos
A partir do 1º ano do ensino médio

Tempo sugerido para o trabalho
3 aulas ou mais

Material
Músicas/intérpretes sugeridos:
1) "Peguei um Ita no Norte", de Dorival Caymmi – ano da composição: 1945. Dorival Caymmi, disco *Caymmi inédito*, Odebrecht-Universal.
2) "Sina de caboclo", de João do Vale e J. B. de Aquino – ano da composição: 1964. Nara Leão, disco *Opinião de Nara*, Philips.
3) "Borandá", de Edu Lobo – ano da composição: 1964. *Edu Lobo*, Philips.
4) "Chegança", de Edu Lobo – ano da composição: 1964. *Edu Lobo*, Philips.

5) "Pau de arara", de Vinícius de Moraes e Carlos Lyra – ano de composição: 1964. Ary Toledo, disco *Ary Toledo*, Beverly-Copacabana.
6) "Filho da roça", de Zé do Rancho – ano da composição: 1974. Zé Tapera e Teodoro, BMG.
7) "Chopis centis", de Dinho e Júlio Rasec – ano de composição: 1995. Mamonas Assassinas, disco *Mamonas Assassinas*, EMI.
8) "Jumento celestino", de Bento Hinoto e Dinho – ano de composição: 1995 (idem ao anterior).
9) "Assentamento", de Chico Buarque – ano de composição: 1998. Chico Buarque, disco *As cidades*, BMG.

Desenvolvimento

Na relação acima, as canções reúnem-se num mesmo conjunto, a partir de nossa observação da mensagem que seus textos verbais carregam: quase todos eles, de um modo ou de outro, relatam algo da cultura das pessoas que migram do Nordeste, onde as condições de sobrevivência são difíceis, para grandes cidades localizadas nos estados do Sudeste brasileiro e com o processo envolvido em tal deslocamento. Por meio delas, o professor de geografia encontrará um panorama de como essa questão desenvolveu-se no Brasil, principalmente no decorrer da segunda metade do século xx. As datas em que tais composições foram feitas permitirão que se realize um estudo mais minucioso de cada período histórico: são canções que refletem uma realidade do momento em que foram compostas.

A primeira delas, de Caymmi, é de 1945 e já demonstra que a migração do Norte para o Sul do país era um fato concreto na década de 1940, porém sem ainda ter, como consequência, o inchaço urbano, as taxas de desemprego etc. em níveis muito alarmantes. Seu primeiro verso declara: "Peguei um Ita no Norte, e vim pro Rio morar. Adeus, meu pai, minha mãe, adeus Belém do Pará". O referencial às cidades é explícito, mas denota que o migrante ainda é o jovem que abandona o pai e a mãe em busca de um progresso na vida, aventurando-se por meio da migração. O restante da letra comenta o retorno do suposto jovem, sua moral etc.

A segunda canção, de 1964, entre seus versos afirma: "Se assim continuá, vou deixá o meu sertão, mesmo os olhos cheio d'água e com dor no coração, vou pro Rio carregá massa pros pedreiro em construção", ou seja, quase vinte anos após a data da composição da canção anterior, mostra que a possibilidade migratória para a grande cidade ainda é vista como uma solução para o trabalho, porém, nesse segundo caso, a situação é mais dramática, pois não é o jovem quem pretende migrar, mas um trabalhador já estabelecido em algum lugar do sertão, que vê, em sua ida para a grande cidade, um modo de escapar da exploração que sofre (outros versos enfatizam esse ponto de vista).

Também de 1964 são as duas músicas a seguir, compostas por Edu Lobo. Em "Borandá", existe a constatação da terra esgotada, que não produz mais, principalmente em razão da seca, que obriga o trabalhador a partir do lugar onde estava fixo, em busca de melhor sorte em outro lugar. Porém, desta feita, ele não migra sozinho, leva mais pessoas (possivelmente sua família) com ele. O título da música é um apelo para a mudança: a palavra "Borandá" nada mais é que a união da conjunção "embora" com o verbo "andar"; é como se o pai de uma família dissesse a ela: "Vamos embora andar, pois a terra já secou".

No caso de "Chegança", encontramos a outra ponta do processo migratório, ou seja, se em "Borandá" falava-se da partida, nesta se fala da chegada do trabalhador com sua mulher em algum outro lugar e da constituição de uma família com muitos filhos. Porém há uma constatação cruel da realidade: a necessidade da mudança constante, sem poder fixar-se em lugar algum, pois, durante toda sua vida, esse trabalhador estará sempre chegando, sem parar. Edu Lobo, diferentemente dos compositores das canções anteriores, não determina em nenhuma de suas duas canções, o lugar exato de onde as pessoas partem, ou chegam, apenas concentra atenções no processo migratório, ou seja, pode estar referindo-se a uma migração pelo sertão, por áreas da região Nordeste, por exemplo, ou então a uma migração entre pontos mais distantes, como aquela verificada na música de Caymmi.

"Pau de arara" é uma canção que poderia ser analisada de muitos pontos de vista. Possui uma letra constituída de vários duplos sentidos em seus versos e, nesse aspecto, reside em sua mensagem certa ironia perante a situação trágica de um homem, que sai do Ceará e migra para a cidade do Rio de Janeiro, pensando, depois, em retornar por não conseguir melhorar de vida. Tanto em sua terra natal, quanto na praia de Copacabana, passa fome, mas ao menos no Ceará ele é alguém, sendo que no Rio é ignorado, obscuro, atrás do apelido "Zé com fome", que os habitantes lhe deram

A canção "Jumento celestino" também trata de assunto parecido, porém mais de trinta anos após "Pau de arara" ter sido composta. Nessa composição mais recente, também encontramos a ironia perante a situação trágica, mas o migrante sai da Bahia e vai para a cidade de São Paulo. Depois, retorna para sua terra de origem, mas, desta vez, leva consigo o apelido que lhe deram na capital: "cabeção". Portanto, as duas composições são úteis para mostrar, ao longo de três décadas, o destino infeliz de muitos migrantes que saíram do Nordeste rumo às grandes cidades do Sudeste, onde não conseguiram trabalho, passaram fome e sofreram o preconceito pela sua origem.

As diferenças entre os migrantes bem e malsucedidos estão presentes nas canções mais recentes. Algumas letras mostram o retorno do homem do sertão, do Nordeste, para seu local de origem, arrependido por ter ido para a cidade grande da região Sudeste. Outras apresentam o oposto, ou seja, o migrante que conseguiu instalar-se e viver melhor numa metrópole do que vivia no local onde nasceu e/ou cresceu.

Em "Filho da roça", temos os versos: "Eu sou da roça e quero bem o meu povo, quando deixar meu São Paulo, volto pra roça de novo". Esse tema da volta para a "roça", para o "sertão", para o "interior" etc. está presente em diversas composições cantadas por duplas sertanejas, como é o caso dos intérpretes dessa canção. "Filho da roça" é uma música que retrata melhor a migração interna da região Sudeste do que propriamente entre as regiões Norte ou Nordeste e Sudeste. O gênero musical deixa isso mais claro: enquanto "Pau de arara" e "Jumento celestino", por exemplo, mantêm as características do baião, típica música nordestina, "Filho da roça" aproxima-se da toada ligeira que encontramos nos interiores paulista e mineiro – ou até mesmo em algumas regiões do Sul do país.

Na canção "Chopis centis" encontramos a imagem do migrante que se adaptou à grande cidade: poderíamos ver, na mensagem da canção, tanto um jovem recém-chegado à metrópole e contente com suas melhores condições, quanto o jovem filho de algum antigo migrante que foi para a cidade e nela se fixou e progrediu. Seja o próprio jovem migrante, seja seu pai, fato é que, nessa canção, não se cogita o retorno. A letra não deixa explícito que se trata de um jovem ligado ao processo de mudança de alguma outra região e com condição para a vida urbana, porém há fortes indícios que apontam para isso, como o sotaque com o qual a canção é interpretada, a pronúncia diferenciada de certas palavras, a surpresa com as novidades (posturas fora dos padrões frente à vivência de novas situações) e, principalmente, alguns versos que aproximam as condições de vida e os hábitos desse jovem aos de milhares de outros migrantes que vivem em São Paulo, no Rio de Janeiro etc.: "quando eu estou no trabalho, não vejo a hora de descer dos andaimes pra pegar um cinema com o Schwarzenegger e também o Van Damme" e "a minha felicidade é um crediário nas Casas Bahia".

No primeiro caso, temos claro que se trata de um operário subalterno, ligado, provavelmente, à construção civil ou às obras de manutenção de algum lugar (compare com os versos da canção "Sina de caboclo", mostrado acima) e, no segundo caso, fica evidente, sem fazermos qualquer leitura metafórica de "crediário" e de "Casas Bahia", que tal operário vive feliz por ter conseguido comprar algo com o seu dinheiro, pagando parceladamente. Ou seja, possui algo concretamente – denota-se que não tem mais problemas básicos de subsistência, como a falta de alimentação, por exemplo (compare com a história contada na canção "Pau de arara").

Finalmente, a canção "Assentamento" trata essencialmente da volta, do retorno incondicional do homem e de sua família à terra de origem. Os versos "Zanza aqui, zanza pra acolá, fim de feira, periferia afora. A cidade não mora mais em mim" demostram a inadaptação à cidade, o fim do sonho da melhora de vida. E a letra segue: "Vamos embora ver o capim, ver o baobá, vamos ver a campina quando flora (...) quando eu morrer, cansado de guerra, morro de bem com a minha terra", ou seja, a mensagem de tais versos é o oposto daquilo que se encontra na canção "Peguei um Ita no Norte", por exemplo, de mais de meio século atrás. Há cinquenta anos, o jovem deixava os pais para tentar a vida na cidade grande; agora, o homem, "cansado de guerra", com a família constituída quer retornar, abandonar a cidade, para morrer "fiel" à sua origem.

Perceba que esse tema do deslocamento do homem de seu local de origem, em razão de alguma necessidade, retrata não só a realidade do migrante que sai, por exemplo, do Nordeste para as cidades do Sudeste do Brasil, mas também desde a realidade do povo judaico, em diversas passagens bíblicas, até a realidade do homem brasileiro que migra para o estrangeiro na esperança de vida melhor, ou seja, é um tema de grande abrangência e que pode estimular variados estudos e debates em sala de aula, com alcance geográfico, social, filosófico, político, religioso, étnico etc.

O professor de língua portuguesa poderá tomar algumas das canções relacionadas, para desenvolver um trabalho de análise dos processos de formação de palavras no português, bem como de analogia. Nos títulos de algumas canções, já é possível que percebamos alguns fenômenos ocorrendo: "pau de arara", por exemplo, é uma palavra formada pela composição justaposta de palavras (composição por justaposição), ou seja, os elementos juntam-se, sem que haja alteração fonética. O conteúdo semântico com que tal palavra aparece na canção originou-se de um processo de analogia entre a madeira em que as pessoas amarram aves, no caso, araras, e a carroceria de madeira dos caminhões que transportam pessoas em certas regiões do Brasil, principalmente no Nordeste. A denominação dada aos retirantes que saem de sua terra transportados por esse meio de locomoção é igualmente "pau de arara". Trata-se, portanto, de analogia semântica: o nome de uma coisa dado a outra, com a qual tenha alguma afinidade ou semelhança.

Já a palavra "borandá" é formada por palavras aglutinadas (composição por aglutinação): "embora" e "andar", ou seja, na junção dos elementos, ocorre alteração fonética. No caso de "chopis centis", temos a importação do inglês *shopping center* com acomodação fonética regional. É um bom exemplo de analogia fonética, em que as palavras estrangeiras são pronunciadas em conformidade com os hábitos fonéticos da língua portuguesa – note que os efeitos da analogia fonética estão presentes até na grafia das palavras. Enfim, observando o texto verbal de cada canção mais cuidadosamente, o professor encontrará vários exemplos de diferentes processos linguísticos que poderão ilustrar os ensinamentos apresentados em sala de aula.

Podem ampliar, redirecionar ou complementar a atividade as canções: "O cidadão", de Lúcio Barbosa, cantada por Zé Geraldo; "Último pau de arara", de Venâncio e Corumba, cantada por Fágner; "Lamento sertanejo", de Domingbinhos e Gilberto Gil, cantada por Domingbinhos; "Asa branca", de Luiz Gonzaga e Humberto Teixeira, cantada por Luiz Gonzaga e "A volta da asa branca", de Luiz Gonzaga, cantada pelo compositor.

ATIVIDADE 5

Área de ampla aplicação
   Geografia
   História

Área de restrita aplicação
   Literatura
   Língua portuguesa

Objetivo principal
   Em geografia: abordar os problemas gerados pela alta concentração populacional nas grandes cidades, decorrentes, entre outros fatores, das condições adversas de subsistência das desigualdades sociais.
   Em história: analisar questões sociais – a juventude urbana brasileira do final do século XX.
   Em literatura: analisar aspectos literários das letras das canções.
   Em língua portuguesa: estudar o vocabulário utilizado pelos jovens brasileiros no final do século XX.

Nível dos alunos
   A partir do 1º ano do ensino médio.

Tempo sugerido para o trabalho
   3 aulas

Material
   Músicas/intérpretes sugeridos:
   1) "Office-boy" e "Clara Crocodilo", de Arrigo Barnabé – ano de composição: 1980. Arrigo Barnabé e Banda Sabor de Veneno, disco *Clara Crocodilo*, Ariola.
   2) "Polícia", de Toni Belloto – ano de composição: 1986. Titãs, disco *Cabeça dinossauro*, WEA.

3) "Estado violência", de Charles Gavin – ano de composição: 1986. Titãs, disco *Cabeça dinossauro*, WEA.
4) "Terra de ninguém", de Rho$$I e Pavilhão 9 – ano de composição: 1998. Pavilhão 9, disco *Se Deus vier, que venha armado*, Paradoxx Music.
5) "Dança do desempregado" – ano de composição: 1998. Gabriel o Pensador, disco *Quebra-cabeça*, Chaos-Sony Music.
6) "Rio 40 graus", de F. Abreu, Fausto Fawcett e Laufer – ano de composição: 1998. Fernanda Abreu, EMI-Odeon.

Desenvolvimento
No início da década de 1980, enquanto muitos músicos ainda compunham suas canções baseando-se no ritmo agitado das discotecas e outros manifestavam, nas letras, certa euforia com a abertura política que o Brasil começava a conquistar, alguns compositores da chamada "vanguarda paulistana", como Arrigo Barnabé e Itamar Assumpção, por exemplo, construíam suas canções com melodias e letras complexas, que refletiam problemas urbanos ignorados pela maioria dos veículos de comunicação e por grande parte da sociedade (ou então desinteressantes, na ótica de algumas pessoas, para serem discutidos naquela oportunidade). Foram músicos que apontaram para questões fundamentais das grandes cidades, como a violência urbana, por exemplo. Normalmente não encontraram espaço na mídia para manifestar aquilo que pensavam e, desse modo, gravaram discos independentes. O mais interessante, porém, é que as mensagens de suas canções foram uma espécie de indicativo daquilo que expressariam muitas canções que viriam a ser compostas, posteriormente, por outros compositores que conquistaram amplo espaço nas gravadoras e na divulgação de seus trabalhos.
Arrigo Barnabé, nas canções "Office-boy" e "Clara Crocodilo", gravadas uma na sequência da outra, apresenta-nos, por meio de recursos metafóricos, uma letra cuja mensagem alerta a sociedade para a necessidade de não se abandonar o jovem, pois ele, fatalmente, ante a opressão urbana (o descaso

das pessoas, a polícia, os meios de comunicação, a injustiça, a falta de emprego, moradia, alimentação, dinheiro etc.), quando adulto, tornar-se-ia delinquente. A interpretação agressiva do compositor, cantando tais músicas com uma voz propositadamente "rouca", e os arranjos instrumentais e vocais complexos executados pela banda Sabor de Veneno que o acompanhou na gravação, levaram, durante alguns anos, certos ouvintes a observar tais canções mais sob o aspecto do contraponto melódico, ou a imaginar uma proposta completamente irônica e inovadora nelas, sem dar conta daquilo que havia de mais profundo nas canções: o problema da violência crescente nas cidades. No final de "Clara Crocodilo", o compositor faz um apelo ao ouvinte, no qual destaca que é preciso ter consciência do que acontece e agir com solidariedade, com fraternidade, para que se acolha o jovem abandonado, vítima de uma sociedade urbana voraz, que subverte valores humanos: "será que ela (Clara Crocodilo – alcunha do marginal) está adormecida em sua mente esperando a ocasião propícia para despertar e descer até seu coração... ouvinte meu, meu irmão?" Vejamos a letra de "Office-boy" e alguns trechos de "Clara Crocodilo":

Office-boy
Arrigo Barnabé

Nome: Durango
Profissão: office-boy
    Trabalhava que nem um desgraçado a semana inteira.
    No sábado, porém, estava duro.
Era sábado e ele ali, sozinho, sem nenhum tostão.
Pensava naquela vedete morena
que tirava a roupa no "Áurea Strip Show"
Pensava nela dançando coquete, discoteque.
Ele estava duro e resolveu ligar a TV, a TV, a TV, a TV.
Ele viu uma chacrete linda
mascando chiclete, olhando para ele, sorrindo, sorrindo.
Primeiro erro: ligar a TV.
Segundo erro: prestar atenção na imagem que estava sendo transmitida
Não podia ser! Aquela era Perpétua, sua antiga namoradinha.

Mas ela era apenas... ela era apenas...
Ela era caixa num supermercado.
Todo dia ela só, só apertava os botões
e aquelas máquinas cantavam
        Mas agora ela é uma estrela famosa.
Se você quiser possuí-la novamente,
você precisa arranjar muito dinheiro, Durango.
Como era mesmo aquele anúncio no jornal?
"Procura-se rapaz para testar um novo produto. Paga-se bem".

Ele então saiu pra procurar sozinho o tal endereço
e deu numa casa escura, sombria, que até dava medo, mas ele entrou.
Uma enfermeira bonita, gostosa, falou assim para ele:
"Venha aqui, querido, que eu vou te dar uma injeção especial,
você vai flutuar!"

E ele flutuou. Sim... flutuou para longe dali,
envolvido numa sensação deliciosa.
        Mas o que ele não sabia é que estava
sendo transformado num terrível monstro mutante, meio homem,
meio réptil, vítima de um poderoso laboratório multinacional
que não hesitou em arruinar sua vida para conseguir
seus maléficos intentos.
Os cientistas haviam calculado tudo, mas o que eles não
imaginavam era que aquela criatura conservava
parte de sua consciência. E logo todo seu poder se transformou
em fúria e violência sobre-humana.
Os cientistas foram os primeiros a conhecer sua ira.
Depois toda a cidade estremeceria ao ouvir falar em
Clara Crocodilo.

Clara Crocodilo
Arrigo Barnabé e Mário L. Cortes

(...)
Quem cala consente, eu não calo,
não vou morrer nas mãos de um tira.
Quem cala consente, eu desacato,
não vou morrer nas mãos de um rato.
Não vou ficar mais neste inferno,
nem vou parar num cemitério
Metralhadora não me atinge,

não vou ficar mais neste ringue.
Ei, você que está me ouvindo, você acha que vai conseguir me agarrar?
Pois então, tome!
(...)
Você, que então é tão espertinho, vamos ver se você
consegue me seguir nesse labirinto...

>Clara Crocodilo fugiu,
>Clara Crocodilo escapuliu.
>Vê se tem vergonha na cara
>e ajuda Clara, seu canalha.
>Olha o holofote no olho...
>Sorte, você não passa de um repolho.

Onde andará Clara Crocodilo? Onde andará?
Será que ela está roubando algum supermercado?
Será que ela está assaltando algum banco?
(...)

Acompanhando o progresso do abandono dos menores nas ruas das grandes cidades, ano a ano, principalmente na década de 1990, foram surgindo mais e mais canções abordando tal tema em suas letras. Alguns exemplos são as outras cinco canções anteriormente mencionadas.

Em 1986, com um disco repleto de canções agressivas, o grupo Titãs incomodou muita gente com melodias fortes, ritmos secos e letras cruas. As canções "Polícia" e "Estado violência" fazem parte desse disco e apontam para diversas injustiças sociais e para a inversão de valores e funções. O principal verso de "Polícia" tem mais de um sentido, mas todos eles sintetizam a tônica de sua mensagem: "Polícia para quem precisa de polícia".

Já em 1998, percebemos que o grande mercado fonográfico recebeu e adaptou a seus modelos aquilo que antes parecia ameaçar como protesto e transformou tudo em "música comercial", usando o *funk* e o *rap* para reinstalar a influência americana, com mais força, na música brasileira – note que os grupos de samba mais recente são, de certa forma, uma reação a essa influência, que se verifica também, por exemplo, a partir do *country* sobre a música sertaneja brasileira.

    Com as canções relacionadas, os professores de geografia e história terão um direcionamento de como essa preocupação com a condição social e financeira do jovem desenvolveu-se na música brasileira, como reflexo de uma realidade. Todas apresentam uma letra com mensagem bastante explícita, que aborda problemas como a situação social, psicológica etc., a partir de questões que envolvem a violência urbana, a punição policial, o crime organizado, a delinquência e as drogas, entre outras. Os professores de literatura e de língua portuguesa têm, na maioria dessas canções, letras longas e complexas que apresentam construções poéticas variadas e bastante livres em suas estruturas, aproximando-se da prosa, e também palavras bastante específicas do modo de falar dos jovens brasileiros que vivem nas metrópoles do país.

ATIVIDADE 6

Área de ampla aplicação
Geografia

Objetivo principal
Em geografia: estudar aspectos físicos, regionais etc. referentes ao Brasil – o estudo de hidrografia brasileira, por exemplo.

Nível dos alunos
A partir do 4º ano do ensino fundamental.

Tempo sugerido para o trabalho
de 1 a 4 aulas

Material
Músicas/intérpretes sugeridos:
1) "Sobradinho", de Sá e Guarabira. Sá e Guarabira, disco *10 anos juntos*, BMG-RCA.
2) "Rio de lágrimas", de J. Carreiro e L. Santos. Renato Teixeira, Pena Branca e Xavantinho, disco *Grandes cantos sertanejos*, Kuarup.
3) "Lagoa dos Patos", de Kledir Ramil e Fogaça. Kleiton, Kledir e MPB4, disco *Kleiton e Kledir* – col., Minha História, Polygram.
4) "Gauchinha bem-querer", de Tito Madi. Farroupilha, Continental.
5) "Linha do equador", de Djavan e Caetano Veloso. Djavan, disco *Coisa de acender*, Columbia.
6) "Você vai gostar", de Elpídio dos Santos. Sérgio Reis, Som Livre.
7) "Comitiva esperança", de Almir Sater e Paulo Simões. Sérgio Reis, disco *Pantaneiro*, RCA.
8) "Chalana", de Mário Zan e Arlindo Porto. Sérgio Reis, disco *Os grandes sucessos de Sérgio Reis*, Som Livre.

9) "Travessia do rio Araguaia", de Dino Franco e Dicró dos Santos. Tião Carreiro e Pardinho, Chantecler-Warner.
10) "Pra longe de Paranoá", de Oswaldo Montenegro. Oswaldo Montenegro, disco *Trilha sonora do musical Léo e Bia*, RDS-Albatroz.
11) "O ciúme", de Caetano Veloso. Pena Branca e Xavantinho, Velas.

Desenvolvimento

O Brasil é um país privilegiado em recursos hídricos, e tal fato fica evidenciado se observarmos, por exemplo, o que expressam as mensagens de muitas canções brasileiras, principalmente aquelas compostas por músicos com alguma vivência próxima ao meio rural. Elas revelam a presença de rios, lagos etc. no cotidiano das pessoas, uma vez que as letras de tais canções os envolvem, com maior ou menor teor, como referencial da vida da população – esse referencial poderá ser físico, sentimental ou qualquer outro. Desse modo, a canção "Sobradinho" trata do rio São Francisco, que nasce na região Sudeste e deságua na região Nordeste do país, comentando as consequências mais imediatas de suas águas represadas, como a submersão de cidades, por exemplo, e a mudança de moradia das pessoas do lugar onde sempre viveram:

Sobradinho
Sá e Guarabira

O homem chega, já desfaz a natureza
Tira a gente, põe represa, diz que tudo vai mudar
O São Francisco lá pra cima da Bahia
Diz que dia menos dia vai subir bem devagar
E passo a passo vai cumprindo a profecia
Do beato que dizia que o sertão ia alagar
O sertão vai virar mar, dá no coração
O medo que algum dia o mar também vire sertão
Adeus Remanso, Casa Nova, Santo Sé
Adeus Pilão Arcado, vem o rio te engolir

Debaixo d'água lá se vai a vida inteira
Por cima da cachoeira o gaiola vai subir
Vai ter barragem no salto do Sobradinho
E o povo vai se embora com medo de se afogar
O sertão vai virar mar, dá no coração
O medo que algum dia o mar também vire sertão
Remanso, Casa Nova, Santo Sé, Pilão Arcado, Sobradinho adeus, adeus.

A canção "Rio de lágrimas" associa às águas da natureza os sentimentos humanos. O assunto tratado é a enchente de um rio e, por meio de uma hipérbole nos versos, temos a caracterização de uma condição de tristeza do sujeito que se expressa. O rio em questão é o Piracicaba, que passa pela cidade desse mesmo nome do interior paulista. "O rio de Piracicaba vai jogar água pra fora quando chegar a água dos olhos de alguém que chora".

"Lagoa dos Patos" é outra canção que apresenta o ponto de vista sentimental de seus compositores perante ao lago com mesmo nome que a música na região Sul do Brasil – trata-se do maior lago do território nacional, com uma área de 10.144 km^2 e uma profundidade máxima de 6 metros e 75 centímetros.

Ainda citando nominalmente rios dessa região brasileira, temos as canções "Gauchinha bem querer", sobre o rio Guaíba, no estado do Rio Grande do Sul, "Linha do Equador", sobre o rio Iguaçu, no estado do Paraná e "Você vai gostar", sobre o rio Paraná, no mesmo estado, sendo que também o divisor entre os estados de São Paulo e Mato Grosso do Sul. Na letra de "Comitiva Esperança", encontramos vários rios da região Centro-Oeste citados, porém, nessa canção, a temática deixa o plano emotivo, que encontramos em algumas das anteriores para descrever o trajeto de uma comitiva de boiadeiros por regiões pantaneiras.

Já em "Chalana", encontramos a descrição da dependência que as pessoas que vivem em certos lugares isolados em nosso imenso país têm não apenas do rio, mas do meio de transporte nele praticado, ou seja, o assunto dessa canção é o transporte das pessoas numa embarcação no rio Paraguai que nasce no estado de Mato Grosso, portanto também na região Centro-Oeste.

Completando nosso giro pelas regiões brasileiras, resta-nos a região Norte, onde deságuam muitos rios, entre eles o Araguaia. Assim, a canção "Travessia do rio Araguaia" é adequada para começarmos a fechar o circuito de regiões brasileiras. Ela descreve a situação de travessia desse grande rio por um grupo de boiadeiros com seu gado. Finalmente, indico ainda mais duas canções: "Pra longe do Paranoá", que faz referência a outro lago brasileiro, o Paranoá, no Distrito Federal, e "O ciúme", que retoma o rio São Francisco, também chamado de "rio da unidade nacional", já visto na primeira música relacionada.

Nessa breve apresentação das canções, o professor de geografia certamente notou o quanto elas poderão ser úteis para o desenvolvimento de estudos em sala de aula, quando explicar a seus alunos aspectos físicos, regionais etc. referentes ao Brasil. O estudo da hidrografia brasileira é particularmente muito proveitoso, pois o professor poderá valer-se das mensagens das canções, para, por exemplo, solicitar aos alunos que determinem a que bacia hidrográfica pertence cada rio citado nas letras, ou ainda fazer comparações entre lagos brasileiros naturais e artificiais, ou estudos sobre as usinas hidrelétricas, e assim por diante.

Dependendo da abrangência do trabalho proposto e da quantidade de canções que envolva, o tempo necessário para sua realização, obviamente, variará. Acreditamos que quatro horas-aula são suficientes para uma atividade dinâmica que envolva as dez canções indicadas, mas nada impede que o professor, por exemplo, utilize durante apenas uma aula, as duas ou três canções que mais lhe interessem. Apesar da extensa lista de canções indicadas, existem muitas outras que se ajustam à proposta discutida nesta atividade, mas seria inviável e despropositado reuni-las à exaustão. Fica a ideia fundamental da proposta direcionada e aberta às reflexões do professor que, eventualmente, encontrará outras canções, que citem outros rios, mais ajustadas a determinados conteúdos dos estudos que pretenda realizar com seus alunos na aula de geografia.

Outra possibilidade é, em vez da temática sobre hidrografia brasileira ou outra qualquer relacionada aos rios, lagos etc., a temática indígena, por exemplo, relacionada à história e à questão do índio no Brasil. Nesse caso aconselhamos, entre outras, que o professor utilize as seguintes canções: "Xingu disco", de Laert Sarrumor e Carlos Melo, cantada pelo grupo Língua de Trapo; "Amor de índio", de Beto Guedes e Ronaldo Bastos, cantada por Beto Guedes; "Índio", de Gabriel Moura, Seu Jorge e Sérgio Granha, cantada pelo grupo Farofa Carioca; "Um índio", de Caetano Veloso, cantada pelo compositor; "Baila comigo", de Rita Lee, cantada pela compositora; "Todo dia era dia de índio", de Jorge Ben Jor, cantada pelo compositor; "Cara de índio", de Djavan, cantada pelo compositor; "Chegança", de Antonio Nóbrega e Wilson Freire, cantada por Antonio Nóbrega; "Borzeguim", de A. C. Jobim, cantada pelo compositor; "Índia", de Ortiz Guerrero e A. Flores/Versão de José Fortuna, cantada por Cascatinha e Inhana e "Lagarta de fogo", de Leno e David, cantada por Arlindo Jr.

Observação: A compositora Marlui Miranda, como já indicado neste livro, tem um profundo trabalho, desenvolvido a partir da cultura indígena brasileira, que também pode ser útil. O compositor Milton Nascimento tem, igualmente, um trabalho intenso nesse sentido, porém sob outra ótica. Creio ser importante ao professor interessado conferir as gravações desses dois compositores.

ATIVIDADE 7

Área de ampla aplicação
Geografia

Área de restrita aplicação
Arte

Objetivo principal
Em geografia: estudar a agricultura e a pecuária brasileiras (produção da terra: o café, o gado, a cana-de-açúcar etc.).
Em arte: trabalhar com temas da cultura brasileira provenientes do meio rural.

Nível dos alunos
A partir do 4º ano do ensino fundamental.

Tempo sugerido para o trabalho
2 aulas

Material
Músicas/intérpretes sugeridos:
1) "O cio da terra", de Milton Nascimento e Chico Buarque. MPB4 e Quarteto em Cy, disco *Cobra de vidro*, Philips.
2) "Flor do cafezal", de L. Carlos Paraná. Pena Branca e Xavantinho, disco *Pingo-d'água*, Velas.
3) "Japonês no Saravá", de João Gonçalves e Teodoro. Zé Tapera e Teodoro, BMG.
4) "Os três boiadeiros", Pedro Bento e Zé da Estrada, disco *Grandes sucessos de Pedro Bento e Zé da Estrada*, Chantecler.
5) "O rei do gado", de Teddy Vieira. Tião Carreiro e Pardinho, disco *Rei do Gado*, Chantecler.
6) "Triste berrante", de Adalto Santos. Pena Branca e Xavantinho, Velas.

Desenvolvimento

Há um sem-número de canções brasileiras cujas letras discorrem a respeito do trabalho e da cultura desenvolvidos nos meios rurais nos mais diversos recantos de nosso país. Elas geralmente mostram desde questões ligadas às atividades físicas e às produções de alimentos básicos para subsistência humana até questões de cunho religioso e/ou moral.

Foram indicadas apenas seis delas que podem ser viáveis para a audição em uma aula de geografia ou de arte e posterior desenvolvimento de algum trabalho, caso os professores dessas disciplinas tenham, como projeto, o ensino de algo relacionado ao homem brasileiro do campo. O professor de geografia poderá, por exemplo, envolver as seis músicas numa atividade em que explique a agricultura e a pecuária brasileiras, enquanto o professor de arte poderá, por exemplo, valer-se de temas ligados às profissões das pessoas no trabalho rural (o boiadeiro, o lavrador etc.), presentes nas mensagens das seis canções, para propor um trabalho plástico com seus alunos, o qual exija uma breve pesquisa sobre a cultura, os apetrechos, as crenças das pessoas que vivem no campo.

"O cio da terra" mostra o respeito que o agricultor tem (ou deveria ter) com a terra onde planta e da qual tira seu sustento. Em "Flor do cafezal", encontramos um agricultor específico: o produtor de café. Já em "Japonês no Saravá", existe a presença do produtor de legumes – essa canção é especialmente interessante, pois, no enredo que sua letra apresenta, faz a confluência da cultura "abrasileirada" de duas correntes distintas de imigrantes: a oriental e a africana, além da moral cristã direcionando as relações humanas entre os homens do campo. É um retrato da mistura de raças e credos existentes no Brasil.

O cio da terra
Milton Nascimento e Chico Buarque

Debulhar o trigo
Recolher cada bago do trigo

Forjar do trigo o milagre do pão
E se fartar de pão

Decepar a cana
Recolher a garapa da cana
Roubar da cana a doçura do mel
Se lambuzar de mel

Afagar a terra
Conhecer os desejos da terra
Cio da terra, a propícia estação
E fecundar o chão

As outras três canções tratam da pecuária brasileira. Em "Os três boiadeiros", encontramos uma demonstração, no enredo que traz a letra, da vida dura e cruel dos peões que conduzem uma boiada de uma região para outra do país, passando por riscos de vida constantemente. "Triste berrante" faz o relato de uma região rural que foi urbanizada e as transformações decorrentes disso, como a extinção da profissão de boiadeiro no local, por exemplo. Note que, nessas duas canções, a figura do boiadeiro é analisada com certo ar nostálgico, como uma profissão digna de homens valentes, fortes e sentimentais. A canção "O rei do gado" retoma aspectos morais, valorizando a humildade do homem que ainda lida de perto com o gado, do homem que, apesar de rico monetariamente, não se dá com o luxo urbano, mas sim com o trabalho bruto do campo. É uma peça musical brasileira tipicamente interiorana que, trabalhada no estilo de um desafio, estimulou, posteriormente, uma "resposta" nos versos da canção "O rei do café" – na primeira um pecuarista responde à afronta de um agricultor (um grande produtor de café), e na segunda um agricultor faz o inverso, concluindo que ambos, o fazendeiro que cria gado e o que planta café, são importantes para a economia brasileira, portanto não devem brigar (perceba o professor de história, por exemplo, que essas duas músicas seriam também muito adequadas à sua disciplina para um estudo sobre a política do início do período republicano até 1930, influenciada pelos paulistas e mineiros e que ficou conhecida como a "política do café com leite".

ATIVIDADE 8

Área de ampla aplicação
Biologia

Área de restrita aplicação
Literatura

Objetivo principal
Em biologia: estudar as condições normais e anormais do corpo humano em seus diferentes componentes e funções (pulmão, sangue, temperatura do corpo etc.).

Em literatura: estudar a mensagem de uma carta em forma de poema em verso livre e as relações semânticas que conferem um tom irônico à mensagem do texto.

Nível dos alunos
A partir do 8º ano do ensino fundamental.

Tempo sugerido para o trabalho
1 aula.

Material
Música/intérprete sugerido:
1) "Ao meu amigo Edgard", de Noel Rosa e João Nogueira. João Nogueira, disco *Vida boemia*, EMI-Odeon.

Desenvolvimento
Pouco antes de morrer, Noel Rosa escreveu uma carta dirigida a seu amigo Edgard onde relatava, com o bom humor característico das letras de suas canções, sua condição de saúde.

Mais tarde, anos após a morte de Noel, o compositor João Nogueira elaborou uma melodia para o texto dessa carta escrita em versos, transformando-a num agradável samba onde procurou dar à melodia e ao arranjo instrumental um tom nada lúgubre, mas sim a conotação irônica que já se verificava na carta. Nogueira foi feliz nessa proposta e, desse modo, apresentou-nos uma canção que, pelo conteúdo de sua letra, poderá ser útil para aulas na área de biologia.

Ao meu amigo Edgard (carta de Noel Rosa)
Noel Rosa e João Nogueira

Já apresento melhoras
Pois levanto muito cedo
E deitar às nove horas
Pra mim já é um brinquedo

A injeção me tortura
E muito medo me mete
Mas minha temperatura
Não passa de trinta e sete

Nessas balanças mineiras
De variados estilos
Trepei de várias maneiras
E pesei cinquenta quilos

Deu resultado comum
O meu exame de urina
Meu sangue: noventa e um
Por cento de hemoglobina

Creio que fiz muito mal
Em desprezar o cigarro
Pois não há material
Pro meu exame de escarro

Até agora só isso
Para o bem dos meus pulmões
E nem brincando desisto
De seguir as instruções

Que o meu amigo Edgard
Arranque desse papel
O abraço que vai mandar
O seu amigo Noel

Noel Rosa, nessa autoanálise de seu estado físico (e quase clínico), fornece ao professor de biologia o motivo para a proposta a seus alunos de um divertido estudo sobre o corpo humano, por exemplo. Ele foi o típico boêmio nas antigas noites cariocas da primeira metade do século xx. Daí iniciar a carta comentando sua melhora em razão de estar indo dormir e estar acordando mais cedo do que normalmente fazia.

Nas estrofes seguintes começa a fazer seu diagnóstico pessoal: temperatura de seu corpo estacionada nos trinta e sete graus centígrados, peso de seu corpo estabilizado em cinquenta quilos e exames de urina e de sangue apresentando resultados normais, para então concluir que só lhe faltou o material para o "exame de escarro" que, obviamente, não existe, demonstrando a ironia de Noel Rosa para com todos os cuidados com relação à sua saúde.

O professor poderá fornecer a letra da canção a seus alunos e analisar seu conteúdo, realizando, paralelamente, explicações sobre as condições normais e anormais do corpo humano, seus órgãos componentes etc. Outra possibilidade é explicar-lhes a respeito de exames que são realizados a partir de materiais colhidos do corpo humano, como a urina, as fezes, o sangue etc., e como eles são feitos, qual a finalidade a que se propõem como se chega aos resultados. Poderá ir mais a fundo ainda e, a partir dos motivos apresentados na canção, explicar, por exemplo, a constituição do sangue como um tecido líquido circulante, formado por duas partes: o plasma e outros elementos (eritrócitos, leucócitos e trombócitos). Enfim, as possibilidades são inúmeras. Após ou durante as explicações, o professor deverá apresentar para a classe a gravação da música e estimular os estudantes a aprender a cantá-la, para que fixem melhor alguns conceitos discutidos na aula.

Atividade 9

Área de ampla aplicação
Biologia

Área de restrita aplicação
Literatura

Objetivo principal
Em biologia: estudar a classe das aves da fauna brasileira.
Em literatura: analisar a construção poética da canção, baseada no verso livre, com temática de cunho ecológico (característica da arte contemporânea).

Nível dos alunos
A partir da 4º ano do ensino fundamental.

Tempo sugerido para o trabalho
2 aulas ou mais.

Material
Música/intérprete sugerido:
1) "Passaredo", de Francis Hime e Chico Buarque. Chico Buarque, disco *Meus caros amigos*, Philips.

Desenvolvimento
A canção "Passaredo", além de possuir uma melodia fluente, agradável de ser ouvida e de ser cantada, traz, em sua letra, uma lista excelente de nomes de pássaros da fauna brasileira e, desse modo, é adequada para desde a simples fixação dos nomes das aves pelas crianças, até como estímulo para uma pesquisa proposta pelo professor de biologia a alunos adolescentes, por exemplo.

Sabemos que para a área biológica são válidas apenas as denominações científicas dos seres vivos e a letra dessa canção apresenta os nomes das aves de acordo com o uso popular. Assim, uma explicação importante que o professor de biologia pode realizar, tomando essa música como motivo e exemplo, é mostrar a seus alunos a razão dos nomes científicos existirem e como eles são elaborados, apresentando sempre o gênero e a espécie, de acordo com o sistema binomial proposto por Lineu, concluindo, por exemplo, com a demonstração aos alunos do nome científico de cada uma das aves citadas nos versos.

Visto que a lista de nomes de aves presente na canção recebeu um tratamento poético cuidadoso, a letra também torna-se útil para trabalhos em literatura. Caso haja intenção do trabalho interdisciplinar, os professores de biologia e literatura (ou então de língua portuguesa) poderão estudar os nomes científicos das aves numa atividade conjunta, onde o especialista nas questões da linguagem explicará aos alunos algumas noções etimológicas.

Na área de biologia, os alunos poderão, tendo como mote essa canção, desenvolver uma pesquisa sobre a classe das aves brasileiras, classificando-as pelos critérios biológicos ensinados em sala de aula. A visita a aviários (viveiro de aves), a parques nacionais, ao jardim zoológico e também a museus de zoologia será complementar à pesquisa. Recomenda-se, ainda, que os alunos gravem o canto dos pássaros e apresentem as gravações aos colegas em sala de aula.

Passaredo
Francis Hime e Chico Buarque

Ei, pintassilgo
Oi, pintarroxo
Melro, uirapuru
Ai, chega-e-vira
Engole-vento
Saíra, inhambu
Foge, asa-branca
Vai, patativa
Tordo, tuju, tuim
Xô, tiê-sangue
Xô, tiê-fogo
Xô, rouxinol, sem-fim
Some, coleiro
Anda, trigueiro
Te esconde, colibri

Voa, macuco
Voa, viúva
Utiariti
Bico calado, toma cuidado
Que o homem vem aí
O homem vem aí
O homem vem aí
Ei, quero-quero
Oi, tico-tico
Anum, pardal, chapim
Xô, cotovia
Xô, ave-fria
Xô, pescador-martim
Some, rolinha
Anda, andorinha
Te esconde, bem-te-vi
Voa, bicudo
Voa, sanhaço
Bico calado, muito cuidado
Que o homem vem aí
O homem vem aí

O professor de literatura pode verificar que a construção poética da letra dessa canção é cuidadosa, não sendo apenas um punhado de palavras, representantes dos nomes populares dados a determinadas aves reunidas ao acaso. A poesia é baseada no verso livre, e nada melhor para explicar tal formato do que um texto que, além de ser construído fundamentado nele, traz em sua mensagem principal o destaque à importância da liberdade para os pássaros. Aliás, nesse sentido, trata-se também de uma poesia bastante afinada com uma característica constante em geral na arte contemporânea do final do século xx: a da valorização de temas ligados às questões ecológicas.

Existem outras músicas ligadas a pássaros que podem ser aproveitadas numa atividade conjunta à canção indicada. Entre elas, "Passarim", canção de Antonio Carlos Jobim e alguns trechos de *As quatro estações*, de A. Vivaldi, por exemplo.

ATIVIDADE 10

Área de ampla aplicação
Biologia
Literatura
Física

Objetivo principal
Em biologia: estudar o processo do metabolismo energético, os ciclos da vida ou o ciclo celular.
Em literatura: analisar a construção poética de leitura possível em dois sentidos.
Em física: estudar a reflexão da luz.

Nível dos alunos
A partir do 7º ano do ensino fundamental.

Tempo sugerido para o trabalho
2 aulas.

Material
Música/intérprete sugeridos:
1) "Corrente", de Chico Buarque. Chico Buarque, disco *Meus caros amigos*, Philips.

Desenvolvimento
O professor de qualquer disciplina que, ao explicar determinado conceito, envolva alguma noção de espelhamento, encontrará nessa canção de Chico Buarque uma música dotada de melodias e versos que lhe serão muito proveitosos para a elucidação da matéria ensinada. Exemplificamos a atividade proposta fazendo uma rápida explanação sobre três casos: na área de biologia, da literatura e da física.
Observando a letra da canção, apresentada a seguir, o professor perceberá que os versos são dispostos de tal forma

e com tal conteúdo semântico que é possível realizarmos uma leitura coerente dos mesmos em duas ordens distintas: uma de cima para baixo e outra de baixo para cima. O mesmo ocorre nas frases melódicas da música. Para que isso fique mais nítido, os versos foram numerados e dispostos nas duas ordenações, em duas colunas separadamente.

Corrente
Chico Buarque

01- Isso me deixa triste e cabisbaixo
02- Eu hoje fiz um samba bem pra frente
03- Dizendo realmente o que é que eu acho
04- Eu acho que o meu samba é uma corrente
05- E coerentemente assino embaixo
06- Hoje é preciso refletir um pouco
07- E ver que o samba está tomando jeito
08- Só mesmo embriagado ou muito louco
09- Pra contestar e pra botar defeito
10- Precisa ser muito sincero e claro
11- Pra confessar que andei sambando errado
12- Talvez precise até tomar na cara
13- Pra ver que o samba está bem melhorado
14- Tem mais é que ser bem cara de tacho
15- Não ver a multidão sambar contente
16- Isso me deixa triste e cabisbaixo

16- Isso me deixa triste e cabisbaixo
15- Eu hoje fiz um samba bem pra frente
14- Dizendo realmente o que é que eu acho
13- Eu acho que o meu samba é uma corrente
12- E coerentemente assino embaixo
11- Hoje é preciso refletir um pouco
10- E ver que o samba está tomando jeito
09- Só mesmo embriagado ou muito louco
08- Pra contestar e pra botar defeito
07- Precisa ser muito sincero e claro
06- Pra confessar que andei sambando errado
05- Talvez precise até tomar na cara
04- Pra ver que o samba está bem melhorado
03- Tem mais é que ser bem cara de tacho
02- Não ver a multidão sambar contente
01- Isso me deixa triste e cabisbaixo

É fácil perceber que o título "Corrente" dado à música sintetiza a essência do proposto em seu desenvolvimento – no encarte que acompanha o disco, Chico Buarque declara em nota junto à letra: "nesta corrente, os versos são elos que podem ser dispostos livremente, conforme as preferências do usuário; observe-se, por exemplo, que uma mesma corrente tanto pode ser lida para frente quanto para trás".

Na gravação original indicada, durante a apresentação da canção, Chico Buarque começa cantando a partir do verso número dois, na ordem da primeira coluna, e, depois, da metade da música até seu final, enquanto repete os dezesseis versos nessa mesma ordem, sobrepõe a eles uma outra trilha, com a gravação de sua voz cantando os versos na ordem contrária, como estão dispostos na segunda coluna. A confusão que se estabelece (para o ouvinte identificar qual palavra está no começo e qual palavra está no fim de um determinado verso) é grande, pois as palavras de um verso acabam se misturando às de outro. Mas a intenção do compositor é exatamente essa: provocar no ouvinte a sensação semelhante a que se tem quando se procura isolar e identificar um elemento componente de uma corrente dos demais. Se a corrente estiver em movimento, por exemplo, como a música está, e tentarmos seguir, com os olhos, um determinado elo, num dado momento iremos perder o referencial em meio à confusão de imagens geradas por elementos muito parecidos, cumprindo todos a mesma função.

Essas duas ordens contrárias de apresentação dos versos e das melodias funcionam, portanto, tal qual o efeito de imagem refletida propiciado por um espelho: quando, por exemplo, diante de um espelho observamos nossos corpo e sua imagem refletida, constatamos que, na imagem refletida, aquilo que se localiza em nosso lado esquerdo aparece localizado no lado direito dela. Assim, o professor de física terá, nessa composição musical, um ótimo exemplo para ilustrar uma aula em que ensine a reflexão da luz, por exemplo, e o professor de biologia poderá realizar, durante suas aulas, analogias entre essa canção e o processo do metabolismo energético, ou os ciclos de vida de animais, plantas etc. (o início e o término num mesmo ponto) – o trabalho com o ciclo celular também será viável.

No caso do professor de literatura, não será necessária qualquer comparação, uma vez que os próprios versos de "Corrente" servir-lhe-ão como material para a explicação à classe sobre uma das formas de construção poética possível.

Nos três casos, o professor, de preferência acompanhado da gravação original, poderá ensinar seus alunos a cantar essa canção, mostrando-lhes apenas sua parte inicial e, depois, o restante dela, após dividir a classe em dois grupos iguais em número de estudantes e propor a cada um dos grupos que cante os versos das duas colunas ao mesmo tempo, conforme o cantor faz no final da gravação – o professor deverá, previamente, munir seus alunos com uma cópia da letra. Entre outras noções, essa atividade divertida provará a eles que duas coisas distintas, provenientes de uma mesma origem, podem coexistir.

ATIVIDADE 11

Área de ampla aplicação
Língua portuguesa

Área de restrita aplicação
Geografia
Linguística

Objetivo principal
Em língua portuguesa: estudar as letras e as sílabas – processo de alfabetização.

Em geografia: observar questões sobre diferentes realidades de vida e subsistência, segundo as condições do meio em que se vive, tomando, como exemplo, a expressão linguística e a cultura da população das regiões Nordeste e Sudeste do Brasil.

Em línguística: analisar as variações nas pronúncias das letras do alfabeto – variantes nas línguas.

Nível dos alunos
A partir do 2º ano do ensino fundamental.

Tempo sugerido para o trabalho
3 ou mais aulas.

Material
Músicas/intérpretes sugeridos:
1) "Forró do ABC", de Moraes Moreira. Moraes Moreira, disco *Bazar brasileiro*, Ariola.
2) "ABC do Sertão", de Zé Dantas e Luiz Gonzaga. Trio Nordestino, disco *Trio Nordestino – 20 preferidas*, RGE.
3) "A, E, I, O, U", de Lamartine Babo e Noel Rosa.
Lamartine Babo, disco *Noel Rosa – Feitiço da Vila*, Revivendo.

4) "Sebastiana", de Rosil Cavalcanti. Jackson do Pandeiro, Copacabana-EMI.
5) "Gago apaixonado", de Noel Rosa. Noel Rosa, disco *Coisas nossas*, Revivendo.
6) "A bicicleta", de Toquinho e Mutinho.
Simone, disco *A casa de brinquedos – Toquinho*, Mercury-Polygram.
7) "Homem com H", de Antônio Barros.
Ney Matogrosso, disco *Ney Matogrosso*, Philips.

Desenvolvimento
O professor de língua portuguesa que está iniciando seus alunos no processo de alfabetização, sejam eles de que faixa etária forem encontrará na letra dessas canções um ótimo material de apoio para o seu trabalho. É claro que, nesse caso específico, poderá dar uma cópia da letra da música para seus alunos lerem e cantarem, visto que ainda não possuem fluência na leitura; portanto, terá de ensiná-los de um modo bem rudimentar: cantando para a classe e solicitando que seus alunos repitam aquilo que escutaram, trecho por trecho, para então lhes proporcionar a audição da canção para que a cantem integralmente. Este é um trabalho muito produtivo, pois induzirá o aluno a cantar a melodia nos instantes em que não esteja em aula, e assim relembrará os conceitos básicos daquilo que aprendeu. A criança poderá fazer isso durante uma brincadeira, por exemplo, e o adulto durante seu trabalho. Às vezes o aluno não tem ânimo para pegar os livros e cadernos para estudar, ou então não tem muito tempo para isso, e nesses casos a canção, apesar de não substituir o exercício prático do caderno e do livro, ao menos manterá viva e solidificará na cabeça do aluno a explicação dada pelo professor e, muitas vezes, estimulará seu interesse pelo assunto.

De todas as músicas relacionadas, o "Forró do ABC" é a mais completa para nosso interesse, já que apresenta todo o alfabeto utilizado em nossa língua. As outras canções são mais restritas, porém também importantes em certos aspectos.

Ouvindo Moraes Moreira cantar "Forró do ABC", alguns professores ficarão indignados com a pronúncia que ele faz de certas letras do alfabeto inseridas nos versos da canção. A melhor explicação para a razão de tal pronúncia está exatamente na música seguinte da relação: "ABC do sertão". Nela encontramos o esclarecimento de que, no sertão nordestino, principalmente, há variantes na pronúncia dos nomes das letras com relação, por exemplo, à pronúncia realizada pelos falantes de grandes centros urbanos da região Sudeste do país, como São Paulo ou Rio de Janeiro. Como é possível perceber, essa observação, quando indicada pelo professor a seus alunos, permitirá demonstrar o quanto a língua é mutável, desde suas questões fonéticas até as sintáticas, semânticas etc. O professor poderá comentar, por extensão, algumas razões pelas quais nós, brasileiros, falamos nossa língua de um modo diferente dos portugueses, dos angolanos e dos moçambicanos, por exemplo, e assim por diante. É preciso deixar claro que não há certo ou errado nessas questões linguísticas, mas simplesmente o modo de falar típico de cada comunidade. Aquele que pensar que a maneira de falar característica das pessoas de uma região é incorreta, estará subjugando-as e insistindo no engano cruel, bem característico de certos aspectos das filosofias racistas, de crer-se melhor, mais sábio, ou mais inteligente que os outros. Se assim o fosse, o Brasil sequer teria conseguido conquistar o que conquistou, em todas as áreas, nos dois últimos séculos, posto que seríamos completamente obtusos perante os portugueses que sabem falar nosso idioma corretamente. É uma pena que, no começo do século XXI, encontremos pessoas que pensem à maneira do final do século XIX.

Essa variação na língua portuguesa (que se verifica em outras línguas também) poderá ser alvo de análise numa aula de linguística e, nesse caso, essas duas canções, em comparação com "A bicicleta", por exemplo, serão igualmente muito úteis ao professor no sentido de favorecer um debate que se inicie pela questão da pronúncia e se amplie para outros aspectos mais profundos dos estudos da linguagem. O professor de geografia poderá valer-se desse mesmo motivo para levar seus alunos a refletir sobre diferentes realidades de vida e subsistência, segundo as condições do meio em que se vive, ou seja, a língua é um grande reflexo daquilo que se verifica numa determinada população, pois retrata seu cotidiano, suas necessidades, seus prazeres etc. No caso das canções relacionadas poderá notar que algumas delas provêm de regiões carentes do Brasil, como é o caso do Nordeste, e de outras regiões mais abastadas, como os centros urbanos do Sudeste. Nesse aspecto, há detalhes nas letras das canções que refletem bem a sociedade e a cultura de cada região: no caso de "Homem com H", por exemplo, o uso de uma expressão bastante popular e característica de sociedades machistas, como é a do sertão nordestino, enquanto, no caso de "A bicicleta", outro exemplo, o sentido tipicamente urbano de diversão da criança, jovem ou adulto. Não só nas letras, mas também nas melodias, tais características transparecem: a primeira é mais marcada, com pulsação forte e ritmo rijo, enquanto a segunda é mais fluente, mais próxima de ritmos americanos ligeiros.

Caso o professor de língua portuguesa pretenda trabalhar com seus alunos apenas as vogais, as canções "A, E, I, O, U" ou "Sebastiana" serão muito adequadas. Se a intenção é o estudo da divisão silábica, a canção "Gago apaixonado" será excelente: além da ironia característica de Noel Rosa, a letra fornece versos escritos com a repetição de algumas sílabas, como se fosse a fala de uma pessoa com problemas de gagueira transcrita no papel – exemplo: "só só só só por ter so-so-fri-frido". A canção "Soletrando", de Alvarenga e Ranchinho, também pode ter algum interesse para o estudo silábico – porém atenção: ela apresenta propositadamente acertos e erros gramaticais.

Atividade 12

Área de ampla aplicação
   Língua portuguesa

Objetivo principal
   Em língua portuguesa: estudar os pronomes pessoais.

Nível dos alunos
   A partir do 4º ano do ensino fundamental.

Tempo sugerido para o trabalho
   3 ou mais aulas.

Material
   Músicas/intérpretes sugeridos:
   1) "Procurando tu", de Antônio Barros e J. Luna. Jackson do Pandeiro, Polygram.
   2) "Beija eu", de Marisa Monte, Arnaldo Antunes e Arto Lindsay. Marisa Monte, disco *Mais*, EMI.
   3) "Ai que saudade d'ocê", de Vital Farias. Beijo – Coralusp, disco *Beijo*, Cameratti.
   4) "Mim quer tocar", de Roger. Ultraje a Rigor, disco *O mundo encantado do Ultraje a Rigor*, WEA.
   5) "Aluno do Ibrahim", de Marcos Cesar. Ary Toledo, disco *Ary Toledo*, Beverley-Copacabana.

Desenvolvimento
   As letras das canções brasileiras são repletas de acertos e de erros segundo a gramática normativa da língua portuguesa e, desse modo, possibilitam que o professor de português utilize-as de diversas maneiras em sala de aula, seja como exemplo do que é correto, seja como exemplo do que é incorreto no uso da língua – aliás, Pasquale Cipro Neto foi um dos professores que, com muita propriedade, soube utilizar tal recurso para

explicar, de modo bastante agradável, peculiaridades com relação à utilização adequada de nossa língua.

Na relação que fizemos acima, existem canções que poderão ser utilizadas nas aulas para a abordagem de matéria referente ao estudo dos pronomes, particularmente os pessoais. Em alguns casos o professor deverá aplicar a técnica da comparação paralela, em outros o da comparação inversa, conforme explicado anteriormente na introdução do tópico sobre canção.

Para apresentar aos alunos, por exemplo, o pronome pessoal do caso reto, na segunda pessoa do singular, a canção "Procurando tu" será ótima, como seu título já demonstra. A canção "Beija eu" pode vir a seguir no estudo, numa equiparação com a primeira nessa colocação pronominal após um verbo – Arnaldo Antunes afirmou ter se inspirado no modo de falar de uma criança que está começando a dominar a língua para elaborar a letra dessa canção; de fato é bastante comum escutarmos crianças pronunciarem algo como "beija eu", "leva eu" ou "pega eu".

Numa outra equiparação, o professor poderá analisar as questões pertinentes a "tu", presentes na primeira música, com "ocê", presente na canção "Ai que saudade d'ocê", explicando a seus alunos as distinções entre "tu" e "você" e o fato das alterações sofridas por esse segundo pronome, desde a redução de "vossa mercê", passando por "vossemecê", "vosmecê", "vossê", até chegar a "você" e, daí, a "ocê" – a consulta a dicionários etimológicos, como os de Antenor Nascentes ou José Pedro Machado, pode fornecer mais informações a respeito.

No esteio do estudo do pronome pessoal do caso reto "eu", presente na canção "Beija eu", o professor pode ampliar sua explicação apresentando o pronome pessoal do caso oblíquo tônico, no caso também referente à primeira pessoa do singular, ou seja, "mim", com a canção "Mim quer tocar", mostrando aos alunos a forma errada segundo a gramática normativa (e não a gramática descritiva) de utilização do pronome – essa canção é excelente para tal tipo de análise, pois, dentro da proposta irônica característica de sua letra, apresenta versos como "Mim gosta ganhar dinheiro", "Mim é brasileiro" e "Mim gosta banana", entre outros.

Por fim, a música "Aluno do Ibrahim", que satiriza a maneira como falava um colunista social na televisão há alguns anos, é excelente para a demonstração de erros gramaticais acerca dos pronomes, mas não só isso: em sua letra o professor encontrará confusões que as pessoas costumam fazer quando lidam com nosso idioma, as quais geram redundância, erros ortográficos, conjugação verbal inadequada etc. Abaixo apresento integralmente tal letra para que o leitor imediatamente verifique os apontamentos feitos – alerto também que algumas letras das demais canções relacionadas podem ser encontradas, por exemplo, em páginas da Internet.

Aluno do Ibrahim
Marcos Cesar

O que você me disse para mim
eu te respondo agora para você
Pra cima eu vou subir,
pra baixo você vai descer.

Você me chamou eu de analfabeto
e de outras coisas, mas num tem importânça,
eu te perdoo você, sabe purque?
Pur causa da sua ingnorança.

Mulhé burra demais, home nenhum atura:
seje menas burra criatura!
A crasse que te farte, se consegue com leitura.
Sejemo mais amigo da curtura!

ATIVIDADE 13

Área de ampla atuação
Língua portuguesa
Língua inglesa

Área de restrita aplicação
História

Objetivo principal
Em língua portuguesa e em língua inglesa: trabalhar com orações coordenadas, com tradução etc.
Em história: analisar as relações político-culturais entre Brasil e Estados Unidos na segunda metade do século xx.

Nível dos alunos
A partir do 1º ano do ensino médio.

Tempo sugerido para o trabalho
2 aulas

Material
Música/intérpretes sugeridos:
1) "Wave", de Antonio Carlos Jobim – ano da composição: 1968. João Gilberto, disco *Amoroso*, Warner.
2) "Wave", (idem). Ella Fitzgerald, disco *Ella abraça Jobim*, Pablo.
3) "Wave", (idem). Herbie Hancock (solo de piano), disco *Antonio Carlos Jobim and friends*, Verve-Polygram.

Desenvolvimento
Os quatro sons iniciais da melodia dessa canção formam uma frase musical que gera uma expectativa no ouvinte, de modo que ele fique aguardando uma continuação – o que de fato acontece. Tal fenômeno é explicado pela teoria musical, porém

não cabe aqui explicá-lo, visto que a proposta, desde o início, é evitar ao máximo a teorização neste livro. Uma comparação, possivelmente, será tanto mais clara quanto útil ao professor de língua portuguesa ou outra disciplina qualquer.

A união da linha melódica com o conteúdo semântico do texto que a acompanha nesta canção é tão feliz, que podemos utilizar os versos de sua própria letra para explicar, em termos linguísticos, o processo semelhante àquele que ocorre com a melodia.

Assim, observe que, tanto em português quanto em inglês, os versos "Vou te contar" e "So close your eyes", respectivamente, pedem uma complementação, uma vez que a informação que transmitem ao receptor gera uma expectativa de continuidade, assim como paralelamente ocorre com a melodia. Portanto eis um excelente exemplo para o professor de língua trabalhar com os conceitos de orações dependentes umas das outras.

Para os professores de outras disciplinas este é um ótimo exercício para compreenderem, na prática, o que são "frases musicais" e como é que elas, em conjunto, formam um "período" dentro da melodia. Vejamos as letras em português e em inglês:

Wave
Antonio Carlos Jobim

Vou te contar,
os olhos já não podem ver
Coisas que só o coração pode entender
Fundamental é mesmo o amor
É impossível ser feliz sozinho.

O resto é mar,
é tudo que eu nem sei contar
São coisas lindas que eu tenho pra te dar
Vem de mansinho a brisa e me diz
É impossível ser feliz sozinho.

Da primeira vez era a cidade
Da segunda, o cais, a eternidade

Agora eu já sei
da onda que se ergueu no mar
E das estrelas que esquecemos de contar
O amor se deixa surpreender
Enquanto a noite vem nos envolver

A letra em inglês não é propriamente uma tradução, mas uma versão, escrita pelo próprio Jobim, autor também em português. Assim, é útil observar, nas aulas de inglês, dois modos de expressar verbalmente os sentimentos: um em língua nativa e outro em língua estrangeira. Este compositor é um caso raro nesse aspecto, pois é muito difícil encontrarmos um grande músico, como Jobim, com aguçado talento poético e linguístico, a ponto de compor a melodia e os versos que a acompanham em dois idiomas distintos.

Wave
Antonio Carlos Jobim

So close your eyes
for that's lovely way to be
Aware of things your heart alone was meant to see
The fundamental loneliness goes
Whenever two can dream a dream together

You can't deny
Don't try to fight the rising sea
Don't fight the moon the stars above and don't fight me
The fundamental loneliness goes
Whenever two can dream a dream together

When I saw you first time was half past three
When your eyes met mine it was eternity

By now we know
the wave is on it's way
To be, just catch the wave, don't be afraid of loving me
The fundamental loneliness goes
Whenever two can dream a dream together

O ideal é o professor ouvir primeiro essa música com a letra em português, depois (se for o caso) em inglês e, finalmente, ouvi-la apenas em sua versão instrumental para posteriormente seguir esse mesmo roteiro com seus alunos durante as aulas. A gravação instrumental indicada é bastante complexa, uma vez que tem conotações de improvisações jazzísticas também. Assim, caso deseje algo mais elementar antes de se deparar com as criações melódicas do pianista, procure outras gravações instrumentais dessa música, de preferência com solo de piano, as quais não são difíceis de serem encontradas.

Quando ouvir a melodia com a letra, atente para cada frase musical, tendo, como guia, a fragmentação da primeira estrofe abaixo:

Primeira frase melódica – Vou te contar,

Segunda frase melódica – os olhos já não podem ver

Terceira frase melódica – Coisas que só o coração pode entender.

Quarta frase melódica – Fundamental é mesmo o amor / É impossível ser feliz sozinho

As quatro frases formam um "período". É como o parágrafo de um texto verbal que exige um começo, meio e fim para ter: sentido, coesão e coerência.

Habitue-se à melodia, escutando-a repetidas vezes.

Você perceberá que a segunda estrofe tem versos diferentes, combinados com a mesma melodia. Ora, fica claro que é a repetição da primeira parte da música, a qual podemos chamar de "parte A", composta por um "período" com quatro "frases musicais" distintas.

Veja então a sequência:

Quinta frase melódica – Da primeira vez era a cidade

Sexta frase melódica – Da segunda, o cais, a eternidade

As quinta e sexta frases formam como que um outro parágrafo com estrutura distinta do primeiro e segundo, é um outro período e, coincidentemente, a segunda parte da música, a que podemos chamar de "parte B" – digo "coincidentemente", pois, nessa música, cada parte contou com apenas um único período que a preencheu completamente, mas existem músicas em que cada uma de suas partes pode contar com dois ou mais períodos. Note, ainda, que a sonoridade da sexta frase é bastante semelhante à da quinta. Na sequência, inicia-se a repetição da "parte A", agora com outros versos na letra: "Agora eu já sei" etc.

Grosso modo podemos, portanto, dividir estruturalmente a música "Wave" assim:

Parte A – com 1 período composto por 4 frases.
Parte A – com 1 período composto por 4 frases.
Parte B – com 1 período composto por 2 frases semelhantes.
Parte A – com 1 período composto por 4 frases.

O professor de português ou de inglês já percebeu a proximidade da terminologia empregada na teoria musical e nas gramáticas das línguas. Portanto, a aplicação de uma atividade como essa com seus alunos pode ajudá-lo a elucidar, pela comparação, conceitos como os de estruturas das frases, dos parágrafos, dos capítulos etc., como os das denominações teóricas das orações e dos enunciados e assim por diante. Porém, lembre-se que o ideal é não permanecer eternamente dependente dos versos da canção para que seus ouvidos identifiquem as frases e os períodos musicais. Por isso você deve trabalhar também com as gravações apenas instrumentais dessa música e, num momento posterior, conseguir que seus alunos identifiquem as estruturas musicais a partir de um prelúdio para piano de F. Chopin, por exemplo – compositor que, aliás, muito influenciou Antonio Carlos Jobim em suas criações.

Outra canção que poderá servir bem para um trabalho parecido com o proposto acima é "Risque", de Ary Barroso.

ATIVIDADE 14

Área de ampla aplicação
Língua inglesa

Área de restrita aplicação
História

Objetivo principal
Em língua inglesa: promover o discernimento na maneira de traduzir-se um texto de língua estrangeira para a língua portuguesa e na pronúncia do idioma estrangeiro.
Em história: analisar aquilo que baliza o pensamento e o impulso do ser revolucionário.

Nível dos alunos
A partir do 8º ano do ensino fundamental.

Tempo sugerido para o trabalho
1 aula.

Material
Música/intérprete sugeridos:
(1)"Revolution", de John Lennon e Paul McCartney – ano da composição: 1968.
The Beatles, disco *The Beatles 1967-1970*, Apple.

Desenvolvimento
Sabemos que a distinção entre som longo e som breve é, a princípio, uma diferença sonora trivial e de simples compreensão por parte de qualquer ouvinte leigo em nossa época.
A canção de Lennon e McCartney que indico progride, ritmicamente, com a alternância constante entre esses dois tipos de som, e isso remete a melodias cujo ritmo caracteriza-se por

ser bem definido o tempo todo, ou seja, impõe ao ouvinte uma pulsação precisa e constante. Tais aspectos constituem algumas das razões de esse tipo de ritmo estar presente na grande maioria dos hinos, das marchas militares ou cívicas etc., visto que determina uma ordem e um rigor claros. Desse modo, compreendemos, por exemplo, o estímulo da "Marselhesa" (hoje "Hino Nacional da França", composto por Rouget de l'Isle) para os franceses revolucionários, ávidos por uma nova ordem política, social etc., na época da Revolução Francesa, ou ainda nosso orgulho ao ouvir o "Hino Nacional Brasileiro" (de Joaquim Osório Duque Estrada e Francisco Manuel da Silva), que representa com muita adequação, por exemplo, as palavras "Ordem e Progresso" escritas em nossa bandeira.

Assim como Ludwig van Beethoven foi muito coerente, por exemplo, impondo uma ordem determinada por uma marcha, no momento em que, no "Allegro Assai Vivace - Alla Marcia" do 4º Movimento de sua "Sinfonia nº 9", todos os sons da orquestra parecem convergir para o caos. Também os dois compositores britânicos, em "Revolution", foram coerentes nos elos entre a significação da melodia musical e a significação da mensagem da letra, fazendo uso da marcação rítmica exata e permanente, proporcionando uma combinatória ideal entre o ritmo musical e o sentido que o discurso verbal apresenta. Muito se comentou a respeito da adequação da mensagem da letra dessa canção ao contexto histórico-social do ano em que foi gravada, porém, como se nota, sua mensagem não apenas estava em conformidade com os fatos ou com a mentalidade da juventude da época, mas também ocorreu uma proximidade entre as significações dos versos e da melodia: os primeiros tratam de características próprias a uma revolução e seus participantes, e a segunda determina o ritmo ordenado e constante para chegar-se a ela. Ao ouvir tal canção, atente ainda para detalhes, como o que ocorre quando o canto questiona a certeza ou a incerteza do revolucionário nos versos finais, por exemplo: a melodia e o arranjo instrumental da canção escapam da rigidez rítmica, como que reforçando essa instabilidade entre o achar-se certo ou incerto perante aquilo que se quer de fato. Aqui os sons curtos se unem numa frase melódica veloz, quando o cantor pronuncia "Don't you know it's gonna be", em oposição aos sons mais longos que vêm a seguir, numa frase melódica repetitiva, onde o cantor pronuncia insistentemente "Alright".

Revolution
John Lennon e Paul McCartney

You say you want a revolution,
Well, you know,
We all want to change the world.
You tell me that it's evolution,
Well, you know,
We all want to change the world.
But when you talk about destruction,
Don't you know that you can count me out.
Don't you know it's gonna be alright,
Alright, alright, alright.

You say you got a real solution,
Well, you know,
We'd all love to see the plan.
You asked me for a contribution,
Well, you know,
We're doing what we can.
But when you want money for people with minds that hate,
All I can tell you is brother you have to wait.
Don't you know it's gonna be alright,
Alright, alright, alright.

You say you'll change the constitution,
Well, you know,
We all want to change your head.
You tell me it's the institution,
Well, you know,
You better free your mind instead.
But if you go carrying pictures of Chairman Mao,
You ain't going to make it with anyone, anyhow.
Don't you know it's gonna be alright,
Alright, alright, alright.

O professor de língua inglesa poderá fazer uso dessa canção em diversos trabalhos. Em muitos deles poderá, por exemplo, propor a seus alunos atividades voltadas à pronúncia do idioma à maneira britânica (observação: existem outras gravações dessa mesma canção onde é possível encontrar pronúncias diferenciadas, o que, numa confrontação, resultaria num excelente e avançado estudo sobre diferenças fonéticas entre falantes de alguns países que têm o inglês como língua oficial), ou promover o discernimento na maneira de traduzir-se um texto do inglês para o português. No caso dessa segunda proposta ofereço como uma possibilidade de tradução o texto abaixo, escrito por Millôr Fernandes, que poderá, variavelmente, orientar os alunos, dependendo do seu nível de conhecimento e das intenções do professor. Exemplos: você pode fornecer apenas parte do texto traduzido a seus alunos e solicitar-lhes que completem a tradução, ou ainda omitir determinadas palavras para que os alunos completem o texto traduzido com aquilo que falta, e assim por diante. Caso os alunos sejam iniciantes no aprendizado da língua, um bom exercício é fornecer-lhes a letra em inglês ou em português, com a omissão de algumas palavras, e estimulá-los a escutarem a música com atenção, objetivando identificar tais palavras, redigindo-as no lugar conveniente do texto.

Revolução
John Lennon e Paul McCartney

Você diz que quer uma revolução,
Bem, você sabe,
Todos queremos transformar o mundo.
Você me diz que isso é evolução,
Bem, você sabe,
Todos queremos transformar o mundo.
Mas quando você fala de destruição
Você sabe que não pode contar comigo.
Você não sabe se tudo isso vai dar certo,
Dar certo, dar certo.

> Você diz que descobriu a solução real,
> Bem, você sabe,
> Gostaríamos todos de ver os planos.
> Você me pede uma contribuição,
> Bem, você sabe,
> Estamos fazendo o que podemos.
> Mas se você quer dinheiro pra pessoas com cérebros que odeiam,
> Tudo o que eu posso te dizer é, irmão, você tem que esperar.
> Você não sabe se tudo isso vai dar certo,
> Vai dar certo, vai dar certo.
>
> Você diz que vai mudar a constituição,
> Bem, você sabe,
> Nós todos queremos mudar sua cabeça.
> Você me diz é a instituição,
> Bem, você sabe,
> É melhor você liberar seu cérebro em vez disso.
> Mas se você vai continuar carregando retratos do Camarada Mao
> Não vai conseguir nada com ninguém, de qualquer jeito.
> Você não sabe se tudo isso vai dar certo,
> Vai dar certo.
> (Tradução de Millôr Fernandes in *Revista Veja nº 641*, São Paulo, Editora Abril, 17/12/1980, p. 60).

Está bem claro que também o professor de história encontrará, nessa canção, um bom material para trabalhar com seus alunos o conceito histórico de "revolução" – seria produtivo um estudo sobre aquilo que baliza o pensamento e o impulso do ser revolucionário, por exemplo. Poderá oferecer-lhes a letra (em qualquer dos dois idiomas) e posterior audição da música, de modo que acompanhem atentamente numa leitura sem interrupções, enquanto o cantor se expressa na reprodução da gravação, e depois discutir com a classe desde a mensagem da canção no plano verbal até a proposta da composição e arranjo musical, pautando-se em observações semelhantes às feitas acima, por exemplo, relacionadas à questão rítmico-melódica dessa música.

ATIVIDADE 15

Área de ampla aplicação
Língua espanhola

Área de restrita aplicação
História

Objetivo principal
Em língua espanhola: estudar o espanhol falado na Argentina e a cultura do povo desse país.

Em história: abordar aspectos sociais, políticos e culturais da história argentina a partir da análise cultural e moral que brota da letra da canção.

Nível dos alunos
A partir do 8º ano do ensino fundamental.

Tempo sugerido para o trabalho
2 aulas

Material
Música/intérpretes sugeridos:

1) "Mano a mano", de Flores, Carlos Gardel e Razzano – ano da composição: 1918.

Carlos Gardel, disco *Los grandes exitos de Carlos Gardel*, (1ª gravação de 1923).

2) "Mano a mano", (idem). Julio Iglesias, disco *Tango*, Columbia-Sony Music.

3) "Mano a mano", (idem). Caetano Veloso, disco *Circuladô ao vivo*, Polygram.

Nota: relacionamos três gravações da mesma música em três épocas diferentes, pois isso pode interessar ao professor de física, por exemplo, que pretenda realizar um trabalho semelhante ao proposto adiante, no tópico que trata sobre a ópera.

Desenvolvimento

Com a integração do Brasil aos outros países da América, na formação de um mercado comercial comum, o professor de língua espanhola é, cada vez mais, requisitado, seja nas escolas ou para aulas particulares, em razão da maioria dos países do continente ter como língua oficial o espanhol. Um dos principais parceiros do Brasil nessa unificação é a Argentina, país vizinho ao nosso. Portanto, é importante ao professor de espanhol diversificar cada vez mais a abordagem das culturas relacionadas à língua que ensina a seus alunos. A proposta que apresento é bem simples e propiciará ao aluno de espanhol conhecer não apenas algo sobre a riquíssima cultura do povo da Espanha, mas principalmente sobre a cultura do povo de um país colonizado pelos espanhóis. O professor de história poderá trabalhar nesse mesmo sentido e, por meio do exame da cultura do povo argentino, abordar aspectos sociais, políticos e culturais da história do país.

A música que sugerimos é um dos mais conhecidos e tradicionais tangos argentinos, composto por um músico que se tornou um grande mito no país: Carlos Gardel. Além de ser um gênero típico desse país, o tango possibilita o estabelecimento de elos com a cultura musical europeia e africana. Trata-se de um tipo de música cujas origens são variadas e incertas: desde escravos negros levados à Argentina, via Cuba e México, até a influência das músicas de origem europeia tocadas nos salões de festas. O fato é que tal manifestação musical desenvolveu-se e alcançou sucesso internacional a partir da cidade de Buenos Aires, capital argentina. A zona portuária dessa cidade foi, por muitos anos, um reduto de comerciantes, marinheiros e piratas que se divertiam dançando com prostitutas ao som de instrumentos musicais como o *bandoneón* (pequeno instrumento de fole, como o acordeão), sendo que tais danças, pouco a pouco, foram sendo caracterizadas por uma rígida marcação dos passos, alternando momentos de movimentos bruscos e manhosos com paradas tensas estratégicas, como que retratando jogos de sedução entre um homem e uma mulher. Tais características combinaram-se ritmicamente com a música que os instrumentistas executavam, e esse "jogo de sedução", com seus casos amorosos, suas alegrias e frustrações, passou a ser o principal tema presente nas letras das canções compostas a partir desse tipo de música.

Mano a mano
Celedonio Esteban Flores, Carlos Gardel e Jose Razzano.

Rechiflado en mi tristeza, hoy te evoco y veo que has sido
en mi pobre vida paria sólo una buena mujer.
Tu presencia de bacana puso calor en mi nido,
fuiste buena, consecuente y yo sé que me has querido
como no quisiste a nadie, como no podrás querer.

Se dio juego de remanye cuando vos, pobre percanta,
gambeteabas la pobreza en la casa de pensión.
Hoy sos toda una bacana, la vida te ríe y canta,
los morlacos del otario los jugás a la marchanta
como juega el gato maula con el mísero ratón.

Hoy tenés el mate lleno de infelices ilusiones,
te engrupieron los otarios, las amigas, el gavión;
la milonga, entre magnates, con sus locas tentaciones,
donde triunfan y claudican milongueras pretensiones,
se te ha entrado muy adentro en tu pobre corazón.

Nada debo agradecerte, mano a mano hemos quedado;
no me importa lo que has hecho, lo que hacés, ni lo que harás...
los favores recibidos creo habértelos pagado
y si alguna deuda chica sin querer se me ha olvidado,
en la cuenta del otario que tenés, se la cargás.

Mientiras tanto, que tus triunfos, pobres triunfos pasajeros,
sean una larga fila de riquezas y placer;
que el bacán que te acamala tenga pesos duraderos,
que te abrás de las paradas con cafishos milongueros
y que digan los muchachos: "Es una buena mujer".

Y mañana, cuando seas descolados mueble viejo
y no tengas esperanzas en tu pobre corazón,
si precisás una ayuda, si te hace falta un consejo,

acordate de este amigo que ha de jugarse el pellejo
pa'ayudarte en lo que pueda cuando llegue la ocasión.

    O professor de língua espanhola pode oferecer a cópia dessa canção aos seus alunos e primeiramente discutir os aspectos culturais que ela suscita e a significação da mensagem que traz, para então estudar a pronúncia do idioma, propor um exercício de tradução etc. e, finalmente, encerrar prazerosamente o trabalho, apresentando a gravação dessa música a eles.

ATIVIDADE 16

Área de ampla aplicação
Geografia
História

Área de restrita aplicação
Literatura
Física
Filosofia

Objetivo principal
Em geografia: (1) observar e analisar conceitos referentes à migração de pessoas do meio rural para o meio urbano no Brasil; (2) observar e analisar o ponto de vista do migrante e da população da grande cidade ante a origem do primeiro; (3) estudar as causas da violência urbana.

Em história: observar problemas na integração do homem com a sociedade, inclusive no plano do relacionamento familiar.

Em literatura: analisar as interpretações do compositor como leitor de poetas como Fernando Pessoa e Caetano Veloso, trabalhar paralelamente com os escritos desses dois poetas.

Em física e filosofia: abordar a questão da Lei da Gravidade de Isaac Newton e compreender – num trabalho conjunto com a área de literatura – o paralelismo que intenciona o compositor da canção ao fazer uso de uma famosa lei científica, para explicar, metaforicamente, a situação dos migrantes do norte do país. É um bom exemplo da distinção entre o pensamento lógico na ciência e o pensamento abstrato na poesia.

Nível dos alunos
A partir do 9º ano do ensino fundamental.

Tempo sugerido para o trabalho
2 ou mais aulas, dependendo das disciplinas envolvidas no conjunto e o conteúdo delas a respeito dos temas.

Material
Músicas/intérprete sugeridos:
1) "Fotografia 3 x 4", de Belchior. Belchior, disco *Alucinação*, Philips.
2) "Apenas um rapaz latino americano", de Belchior (idem).

Desenvolvimento
Os professores das áreas de aplicação poderão trabalhar em conjunto, ou não necessariamente. No segundo caso, o professor deverá extrair da exposição a seguir apenas o que lhe interessa.

Numa primeira aula, o professor pode ensinar sua matéria e, a seguir, passar para cada aluno ou para cada grupo de alunos, previamente estabelecido, a letra da canção e pedir que a leiam em voz baixa durante algum tempo. A partir daí, propor uma discussão em sala de aula de modo a aproximar a canção da matéria ensinada anteriormente. Um aluno deverá anotar, na lousa, tópicos daquilo que vai sendo manifestado pelos alunos durante a discussão. O professor então pergunta que tipo de música ou ritmo musical seria mais apropriado para acompanhar uma letra desse tipo – pode fazer algumas sugestões aos alunos. Por fim, eles anotam os tópicos da lousa para serem trabalhados na aula seguinte. A seguir o professor aciona o aparelho de som com a canção e solicita aos alunos que, munidos da letra, acompanhem a música. Encerra a aula com proposta de análise mais profunda da canção para a aula seguinte e pedindo que os alunos tentem encontrar canções com versos similares ou músicas com gêneros e expressividade parecidos, ou ainda que façam uma pesquisa sobre os cantores do Norte e/ou Nordeste do Brasil, verificando se gravaram músicas que tratem da matéria estudada na disciplina – pode ser uma pesquisa sobre a vida real do compositor dessa canção, por exemplo.

Na segunda aula, o professor pode iniciar reproduzindo, outra vez, a gravação da música para seus alunos-ouvintes. A seguir, discute com a classe o seu ponto de vista sobre a letra da canção, a partir dos tópicos levantados na aula anterior. Isso visa a esclarecer dúvidas e equívocos dos alunos. Observação: pode ser mais produtivo mostrar a canção por trechos, isto é, interrompendo a reprodução do aparelho de som com a tecla "pause" a cada seção da música e tecer os comentários referentes a cada parte reproduzida. A seguir, aleatoriamente, seleciona três letras e/ou músicas (em fitas, CDs, ou similar) que os alunos tenham trazido (talvez seja conveniente estabelecer um crédito ou uma nota para o aluno ou para o grupo que trouxer o material solicitado; porém, obviamente, o empenho da classe vai depender de seu interesse pelo assunto e da maneira como se faz a nova proposta de trabalho). Escolhido o material, o professor lê, vagarosamente, as letras e/ou reproduz as músicas no aparelho de som. Sob orientação e críticas construtivas do professor, a classe debate a aproximação ou não dos versos e/ou das melodias novas com os versos e as melodias da música inicialmente proposta e as razões disso, além, é claro, de possíveis relações desse novo material com a matéria tratada. Pela terceira e última vez, o professor apresenta a canção e pede para toda a classe seguir a letra e tentar cantar junto. Isso é importante, pois fixa a música e o trabalho realizado com ela na mente da maioria dos alunos e, desse modo, auxilia na fixação do conteúdo da matéria ensinada.

Fotografia 3 x 4
Belchior

Eu me lembro muito bem do dia em que eu cheguei,
jovem que desce do norte pra cidade grande.
Os pés, cansados e feridos de andar légua tirana.
E lágrimas nos olhos de ler o Pessoa e de ver o verde da cana.

Em cada esquina que eu passava um guarda me parava,
pedia os meus documentos e, depois, sorria,
examinando o três por quatro da fotografia
e estranhando o nome do lugar de onde eu vinha.
Pois o que pesa no norte, pela Lei da Gravidade,
disso Newton já sabia, cai no sul, grande cidade.
São Paulo violento. Corre o Rio, que me engana.
Copacabana, a Zona Norte, os cabarés da Lapa, onde eu morei!

Mesmo vivendo assim, não me esqueci de amar,
que o homem é pra mulher e o coração pra gente dar.
Mas a mulher, a mulher que eu amei, não pode me seguir, não!
(Esses casos de família e de dinheiro eu nunca entendi bem.
Veloso, o sol não é tão bonito pra quem vem
do norte e vai viver na rua)

A noite fria me ensinou a amar mais o meu dia
e, pela dor, eu descobri o poder da alegria
e a certeza de que tenho coisas novas pra dizer.

A minha história é talvez... É talvez igual à tua:
jovem que desceu do norte e que, no sul, viveu na rua.
E que ficou desnorteado, como é comum no seu tempo.
E que ficou desnorteado, como é comum no seu tempo.
E que ficou apaixonado e violento como você.

Eu sou como você!
Eu sou como você que me ouve agora!

ATIVIDADE 17

Área de ampla aplicação
Literatura
Língua portuguesa

Área de restrita aplicação
Arte

Objetivo principal
Em literatura: estudar o estilo de escrita no período do Parnasianismo e do Romantismo.
Em língua portuguesa: estudar as palavras proparoxítonas. Estudar fonética e fonologia.
Em arte: estudar o estilo dos artistas no período do Romantismo.

Nível dos alunos
A partir do 2º ano do ensino médio.

Tempo sugerido para o trabalho
2 ou 3 aulas

Material
Músicas/intérpretes sugeridos:
1) "Romance de uma caveira", de Alvarenga, Ranchinho e Chiquinho Salles. Alvarenga e Ranchinho, disco *Os milionários do riso*, RGE-BMG-Ariola.
2) "Drama de Angélica", de Alvarenga e M. G. Barreto. (idem).
3) "Soletrando", de Alvarenga e Ranchinho. (idem).

Desenvolvimento
As canções acima relacionadas, interpretadas pela dupla caipira Alvarenga e Ranchinho, assim como as canções de outras duplas desse mesmo estilo, como Jararaca e Ratinho, por exemplo, parecem ser à primeira vista muito simples,

destinadas apenas a fazer seus ouvintes rirem, porém, por trás dessa impressão inicial, encontraremos um humor inteligente que faz críticas desde o social até os estilos literários.

As canções "Romance de uma caveira" e "Drama de Angélica" podem ser utilizadas em literatura ou em arte por sua crítica indireta ao "dramalhão" que os artistas modernos viram nos estilos de certos movimentos artísticos do século XIX. A primeira é uma valsa que tem uma letra narrando o descabido amor entre esqueletos e cadáveres, com todos os ingredientes verbais e situacionais característicos do Romantismo: o triângulo amoroso que se forma durante a história contada e cantada tem o trágico fim com o suicídio do "caveiro" (o esqueleto ou a caveira de "sexo masculino"). A segunda também conta uma história, a de Angélica, que morre lenta e melancolicamente, após sofrer os percalços das doenças que afligiam os artistas parnasianos e românticos: remete a crítica aos "clichês", formados durante o século XX, o qual um artista, para verdadeiramente o ser, deveria viver na noite, ser anêmico, fraco e morrer jovem. A estrutura da letra dessa canção é uma das joias da música brasileira que, infelizmente, permanece até agora sem a luz que merece. As pessoas que tanto elogiaram – merecidamente – a estrutura de composições como "Construção", de Chico Buarque, por exemplo, esqueceram-se, talvez por desconhecer, talvez por omitir, que, muito antes de essa canção propor uma letra tão rebuscada no uso de palavras proparoxítonas, "Drama de Angélica" já o fizera. Os professores terão de fazer uso da comparação invertida, comentada no início desse tópico, se quiserem explicar o Romantismo, ou do exemplo concreto, se desejarem explicar as críticas modernas aos movimentos artísticos anteriores.

Na área de língua portuguesa, são úteis as canções "Drama de Angélica" e "Soletrando". A primeira, em razão da riqueza vocabular que traz e da centralização na métrica, com um ritmo prosódico exato, fundado nas acentuações das palavras. A segunda destina-se ao estudo fonético e fonológico, por meio dos erros e acertos na soletração que é feita durante a música.

Em qualquer uma das três disciplinas, o procedimento para a aplicação dessas canções em sala de aula é elementar. Pode ser feito de maneira tradicional, ou seja, dando uma cópia das letras aos alunos, ligando o aparelho de som para que possam ouvi-las e acompanhá-las e, a seguir, explicando igualdades ou diferenças, propondo um debate sobre o tema ou um exercício de alteração estilística nas letras. Aconselhamos, porém, que o professor, pelo fato de as canções terem certa ironia, que antes de apresentá-las crie alguma expectativa nos alunos e, depois, até mesmo repita a audição numa proposta para que os alunos aprendam a cantar as canções. Eles são atraídos pela característica cômica das músicas e, com isso, concentram com mais afinco suas energias no trabalho proposto, sem se dispersarem. Caso o professor de língua portuguesa queira que os alunos pratiquem a escrita e a acentuação correta das palavras, é claro que, propor uma atividade simples como a de ouvir a canção "Drama de Angélica" e transcrever sua letra numa folha de papel, virá bem a calhar.

Drama de Angélica
Alvarenga e M. G. Barreto

Ouve meu cântico quase sem ritmo,
que é a voz de um tísico, magro, esquelético:
poesia épica em forma esdrúxula,
feita simétrica, com rima rápida.
Amei Angélica, mulher anêmica,
de cores pálidas e gestos tímidos.
Era maligna e tinha ímpetos
de fazer cócegas no meu esôfago.
Em noite frígida fomos ao lírico
ouvir o músico pianista célebre.
Soprava o zéfiro ventinho úmido
e então Angélica ficou asmática.
Fomos a um médico de muita clínica,
com muita prática e preço módico.
Depois do inquérito, descobre o clínico
um mal atávico, mal sifilítico.

Mandou-me célere comprar noz-vômica
e ácido cítrico para o seu fígado.
O farmacêutico, mocinho estúpido,
errou na fórmula, fez despropósito.
Não tendo escrúpulo, deu-me sem rótulo
ácido fênico e ácido prússico.
Corri mui lépido mais de um quilômetro
num bonde elétrico de força múltipla.

O dia cálido deixou-me tépido.
Achei Angélica já toda trêmula.
A terapêutica dose alopática
lhe dei em xícara de ferro ágate.
Tomou num fôlego, triste e bucólica,
essa estrambólica droga fatídica.
Caiu no esôfago, deixou-a lívida,
dando-lhe cólica e morte trágica.
O pai de Angélica, chefe do tráfego,
homem carnívoro, ficou perplexo.
Por ser estrábico, usava óculos:
um vidro côncavo e outro convexo.

Morreu Angélica de um modo lúgubre,
moléstia crônica levou-a ao túmulo.
Foi feita a autópsia. Todos os médicos
foram unânimes no diagnóstico.
Fiz-lhe um sarcófago assaz artístico,
todo de mármore da cor do ébano,
e sobre o túmulo uma estatística,
coisa metódica como "Os Lusíadas".
E numa lápide, paralelepípedo,
pus este dístico terno e simbólico:
"Cá jaz Angélica, moça hiperbólica,
beleza helênica, morreu de cólica".

Glossário
Esdrúxula - esquisita, extravagante.
Frígida - muito fria.
Célebre - que tem grande fama; notável.
Zéfiro - vento do ocidente; vento suave e fresco.
Módico - pequeno, modesto.

Sifilítico - próprio da sífilis (doença infecciosa e contagiosa).
Célere - veloz, rápido.
Cálido - quente.
Tépido - frouxo, fraco.
Ágate - ferro esmaltado.
Estrambólica - esquisita, incomum.
Lívida - de cor entre o branco e o preto (cor azulada).
Perplexo - atônito, espantado.
Côncavo - cavado.
Convexo - arredondado; bojudo.
Lúgubre - triste, funesto.
Autópsia - exame médico das diferentes partes de um cadáver.
Ébano - árvore cuja madeira é de cor negra.
Lápide - pedra com inscrição comemorativa.
Dístico - grupo de dois versos.
Hiperbólica - exagerada.

No mesmo disco indicado, encontram-se outras quatro canções interessantes para a utilização com alunos dos primeiros anos do ensino fundamental: "Horóscopo", de Furtado, Alvarenga e Ranchinho, que pode servir ao professor de história; "As invenções", de Alvarenga e Ranchinho; "Mister eco", paródia de Alvarenga, que podem servir ao professo de ciências (ou física). Por fim, nesse disco ainda, a canção "Maria das Dores", de Alvarenga, é ótima para o professor de biologia do ensino médio que pretenda abordar o assunto "doenças do ser humano" em sua aula.

Observação: caso o professor tenha dificuldades em encontrar o disco, há uma gravação da canção "Romance de uma caveira" realizada pelo cantor Passoca no disco *Breve história da música caipira*, da Kuarup, e outra realizada pelos cantores do conjunto Tangos e Tragédias.

ATIVIDADE 18

Área de ampla aplicação
Arte

Objetivo principal
Em arte: estudar a expressividade, as cores, as formas etc.

Nível dos alunos
A partir do 9º ano do ensino fundamental.

Tempo sugerido para o trabalho
3 aulas

Material
Música/intérpretes sugeridos:
1) "Parangolé pamplona", de Adriana Calcanhotto. Adriana Calcanhotto, disco *Marítimo*, Columbia-Sony Music.

Desenvolvimento
Essa é uma canção excelente para o professor de arte trabalhar com seus alunos conceitos envolvendo cores, formas, conteúdos e a expressividade humana. A compositora fornece no encarte de seu disco informações sobre as diretrizes e o material para se fazer um parangolé pamplona que, conforme relata, nas palavras de Hélio Oiticica, trata-se de uma "capa feita no corpo".

A proposta é que o professor primeiro explique a seus alunos o desafio criativo que constitui fazer um parangolé pamplona, aguçando o interesse de todos. Cada aluno então, munido de um pedaço de pano de 274 cm por 108 cm, deverá fazer uma capa em seu próprio corpo, sem cortar o pano, prendendo-o com alfinetes de fralda; além disso, a capa deverá ser feita de maneira que possa ser retirada do corpo sem que seja necessário cortar o pano. Depois, o professor deve colocar a canção para os alunos escutarem e fornecer-lhes uma cópia da letra, chamando a atenção para questões relacionadas com as cores: cada aluno deverá fazer seu parangolé pamplona de uma única cor.

Na segunda aula, munidos com o material necessário para a confecção da capa, os alunos passarão a fazê-la ouvindo novamente a música durante o trabalho. A seguir o professor promove o "ritual de retirada" das capas, um aluno por vez, com o propósito de todos avaliarem se o aluno obteve sucesso nos desafios que a atividade impunha à sua criatividade, mantendo a praticidade e sem perder a expressividade própria da forma que deu ao seu parangolé pamplona – note-se que o próprio ato de vestir-se e desvestir-se, assim como a colocação e a retirada de uma fantasia, ou máscara, pode ser observado também como expressivos. Uma vez retiradas todas as capas, os alfinetes deverão ser substituídos por pontos de costura, ensinados pelo professor, a serem dados pelo aluno em sua capa.

A terceira aula deve ser iniciada com o "ritual de vestimenta" das capas, com todos os alunos juntos e em círculo. A seguir, o professor deve dispor os alunos num amplo espaço, segundo seus critérios artísticos, e organizar coreografias com eles ao som da canção.

Como conclusão da atividade, é interessante, se possível, o professor de arte convidar um professor de teatro, de literatura, ou de psicologia, por exemplo, para um debate com seus alunos, sendo ele próprio o mediador. O assunto a ser debatido partiria, por exemplo, das metáforas que podemos encontrar na letra da canção, ou nas leituras que podemos fazer do indivíduo que escolhe a forma e o conteúdo daquilo com o que está envolvido. Pode-se, por exemplo, trabalhar a ideia que ele apenas consegue desvencilhar-se bem do que o envolve (independentemente de o envolvimento ser bom ou ruim, belo ou feio, confortável ou não) se, no momento de se envolver, criou alguma possibilidade para uma saída sem cortes, isto é, sem que a separação promova danos ao que se criou ou ao criador.

Trata-se de uma verdadeira lição para a vida a criação do parangolé pamplona – como escreve Adriana Calcanhotto: "o parangolé pamplona você mesmo faz".

Sugestões

Claro está que as possibilidades de utilização de canções em sala de aula são tão variadas quanto a quantidade e diversidade de seus estilos, portanto não cabe alongar-se mais sugerindo ao professor intermináveis atividades viáveis. Limito-me, apenas, a indicar algumas canções, propondo certas disciplinas nas quais podem ser aproveitadas.

Educação física: "Mexa-se", de Juca Chaves, cantada pelo compositor; "Pra frente Brasil", de Miguel Gustavo, cantada pelo coral Do Caneco; "1 x 1", de Edgar Ferreira, cantada por Jackson do Pandeiro; "Fio Maravilha", de Jorge Ben Jor, cantada por Maria Alcina; "Cadê o penalty", de Jorge Ben Jor, cantada pelo compositor; "Aqui é o país do futebol", de Milton Nascimento e Fernando Brant, cantada por Wilson Simonal; "Camisa molhada", de Carlinhos Vergueiro e Toquinho, cantada por Carlinhos Vergueiro; "O jogo é hoje", de Paulinho Nogueira, cantada pelo compositor; "Futebol", de Chico Buarque, cantada pelo compositor; "Replay", de R. Corrêa e Jon Lemos, cantada pelo grupo Trio Esperança; "É uma partida de futebol", de Samuel Rosa e Nando Reis, cantada pelo grupo Skank; "Goooool! Brasil!", de Zurana, cantada pelo grupo Terra de Santa Cruz.

Existe uma infinidade de canções e músicas que podem ser adequadas, principalmente para os professores que trabalhem em academias de ginástica. Atualmente a preferência, geralmente, é o desenvolvimento de coreografias e exercícios a partir de ritmos do samba, do funk, do hip hop, do axé e da dance music, porém é interessante o professor inovar, trabalhando com outros tipos de música também, como o forró, a valsa, ou o frevo, por exemplo. O jazz merece um destaque, enquanto o samba de capoeira merece um espaço maior do que aquele já conquistado nas academias.

Biologia: "Nasal sensual", de Juca Chaves, cantada pelo compositor; "Spirogyro Story", de Jorge Ben Jor, cantada pelo compositor; "Tum tum" (sobre pulsação do coração), de Ary Monteiro e Cristovão de Alencar, cantada por Jackson do Pandeiro; "Bate coração" (sobre pulsação do coração), de Cecéu, cantada por Elba Ramalho; "(Acontece toda vez que eu fico) apaixonado" de Roger, Suete, Petroni e Paarmann, cantada pelo grupo Ultraje a Rigor;

"A cura da homeopatia pelo processo macrobiótico", de Falcão e Tarcísio Matos, cantada por Falcão; "Vatapá"; de Dorival Caymmi, cantada por Gal Costa; "Refazenda", de Gilberto Gil, cantada pelo compositor; "Fui ao dentista", de C. Nunes e Tião Fonseca, cantada por Moreira da Silva; "Lenda do Pégaso", de Moraes Moreira e Jorge Mautner, cantada por Moraes Moreira; "Robocop gay", de Dinho e Júlio Rasec, cantada pelo grupo Mamonas Assassinas; "O gosto do azedo", Beto Lee, cantada por Rita Lee; "Panorama ecológico", de Roberto Carlos e Erasmo Carlos, cantada por Roberto Carlos; "As baleias", de Roberto Carlos e Erasmo Carlos, cantada por Roberto Carlos; "O assassinato do camarão", de Zêre e Ibraim, cantada pelo grupo Originais do Samba; "As mariposa", de Adoniran Barbosa, cantada pelo grupo Demônios da Garoa; "Urubu tá com raiva do boi", de Geraldo Nunes e Venâncio, cantada por Arnaud Rodrigues e Chico Anísio (Baiano e os Novos Caetanos); "Carcará", de João do Vale e José Cândido, cantada por Maria Bethânia; "As árvores", de Jorge Ben Jor e Arnaldo Antunes, cantada por Arnaldo Antunes; "Flora", de Gilberto Gil, cantada pelo compositor; "Átimo de pó", de Gilberto Gil e Carlos Rennó, cantada por Gil; "Pílula de alho", de Gilberto Gil, cantada pelo compositor; "Graça divina", de Gilberto Gil, cantada pelo compositor; "Vendedor de caranguejo", de Gordurinha, cantada por Gil; "Pulo, pulo", de Jorge Ben Jor, cantada pelo compositor; "... Das rosas", de Dorival Caymmi, cantada pelo compositor; "Cheiro de mato", de Fátima Guedes, cantada pela compositora; "Neurastêmico", de Betinho e N. Brito, cantada por Betinho e seu conjunto; "O pulso", de Arnaldo Antunes, Marcelo Fromer e Tony Bellotto, cantada pelo grupo Titãs; "Cigarra", de Milton Nascimento e Ronaldo Bastos, cantada por Simone; "Funk das abelhas", de Gustavo Kurlat, cantada pelo compositor; "Cogumelo", de Gustavo Kurlat, cantada por Maurício Pereira; "O casamento de sementão", de Gustavo Kurlat, cantada por Skowa; "Caminhos", de Gustavo Kurlat, cantada por Lela Badaró; "Sabor colorido", de Capinan e Geraldo Azevedo, cantada por G. Azevedo; "Como dois animais", de Alceu Valença, cantada pelo compositor; "Tropicana (Morena tropicana)", de Alceu Valença e Vicente Barreto, cantada por Alceu Valença; "Homem primata", de Sérgio Brito, M. Fromer, Nando Reis e Ciro Pessoa, cantada pelo grupo Titãs.

Química: "A cura da homeopatia pelo processo macrobiótico", de Falcão e Tarcísio Matos, cantada por Falcão; "Um índio", de Caetano Veloso, cantada pelo compositor; "Átimo de pó", de Gilberto Gil e Carlos Rennó, cantada por Gil; "Pílula de alho", de Gilberto Gil, cantada pelo compositor; "Vatapá", de Dorival Caymmi, cantada por Gal Costa; "O ouro e a madeira", de Ederaldo Gentil, cantada pelo grupo Originais do Samba; "Planeta água", de Guilherme Arantes, cantada pelo compositor; "Pão doce", de Carlos Sandroni, cantada por Adriana Calcanhotto.

Física: "O dia em que o Sol declarou seu amor pela Terra", de Jorge Ben Jor, cantada pelo compositor; "Quanta", de Gilberto Gil, cantada pelo compositor; "Nova", de Moreno Veloso e Gilberto Gil, cantada por Gil; "Pop wu wei", de Gilberto Gil, cantada pelo compositor; "Átimo de pó", de Gilberto Gil e Carlos Rennó, cantada por Gil; "A ciência em si", de Gilberto Gil e Arnaldo Antunes, cantada por Gil, "Engrenagem", de Arnaldo Antunes, cantada pelo compositor; "O sol", de Edgard Scandurra e Arnaldo Antunes, cantada por A. Antunes; "O ouro e a madeira", de Ederaldo Gentil, cantada pelo grupo Originais do Samba; "À benção" (sobre os instrumentos musicais) de Celso Viáfora, cantada pelo compositor e "Pesar do mundo", de José Miguel Wisnik e Paulo Nevex, cantada por Ná Ozetti e José Miguel Wisnik.

Informática (comunicações, internet, eletrônica etc.): "Pela Internet", de Gilberto Gil, cantada pelo compositor; "Virtual(mente)", de Paulinho Moska e Nilo Romero (versão do inglês para o português da canção "Road Thang", de Norman Cook e Ashley Slater), cantada por Paulinho Moska e Lulu Santos; "TV a cabo/o que dá lá é lama", de Otto, Toca Ogan e Pupilo, cantada por Otto; "Kid Vinil", de Zeca Baleiro, cantada pelo compositor.

Matemática: "Dezessete e setecentos", de Luiz Gonzaga e Miguel Lima, cantada por Manezinho Araújo; "O passarinho do relógio", de Haroldo Lobo e Milton de Oliveira, cantada por Aracy de Almeida; "Aula de matemática", de Marino Pinto e Antonio Carlos Jobim, cantada por A. C. Jobim; "Uma Arlinda mulher", de Dinho e Bento Hinoto, cantada pelo grupo Mamonas Assassinas; "Soneca", de R. Stroeter e Edgar Poças, cantada por Mônica Salmaso; "Quanta", de Gilberto Gil, cantada pelo compositor, e "Minha canção" (boa para o estudo de proporções, a partir das relações comparativas entre as frequências sonoras das notas de uma escala musical, e dos conceitos de Pitágoras sobre Harmonia), de Enriquez, Bardotti e Chico Buarque, cantada por Nara Leão, Miucha, Ruy, Magro e coro infantil.

História: Além de incontáveis canções ligadas aos movimentos e aos festivais de música da televisão brasileira nas décadas de 1960 e 1970, em que floresceram desde músicas com mensagens de protesto contra o regime político vigente até músicas que intencionavam renovar de algum modo a arte brasileira, ou seja, canções que interessariam diretamente ao professor de história para alguma atividade em sala de aula. Relacionam-se, abaixo, algumas canções que não fizeram parte necessariamente desses anos de agitação cultural, as quais mostram que as reflexões dos letristas sobre o Brasil, seu povo e sua cultura são uma constante dentro da canção brasileira ao longo das épocas e não fruto exclusivo da revolta gerada durante a ditadura militar. "Eu nasci há dez mil anos atrás", de Raul Seixas e Paulo Coelho, cantada por Raul Seixas; "Sociedade alternativa", de Raul Seixas e Paulo Coelho, cantada por Raul Seixas; "Ouro de tolo", de Raul Seixas, cantada pelo compositor, "Vamos virar japonês", de Roger, cantada pelo grupo Ultraje a Rigor e Tonico e Tinoco; "Kid Vinil", de Zeca Baleiro, cantada pelo compositor; "2001", de Tom Zé e Rita Lee, cantada pelo grupo Os Mutantes; "O pequeno burguês", de Martinho da Vila, cantada pelo compositor; "Upa neguinho", de Edu Lobo e G. Guarnieri, cantada por Elis Regina; "País tropical", de Jorge Ben Jor, cantada pelo compositor; "Paris tropical", de Juca Chaves, cantada pelo compositor, "Uma era", de Paulo Tatit e Zé Tatit, cantada por Edson Montenegro, Paulo Tatit e Mônica Salmaso; "Pindorama", de Sandra Peres e Luiz Tatit, cantada por Eugénia Mello Castro; "Luís Inácio (300 picaretas)", de Herbert Vianna, cantada pelo grupo Paralamas do Sucesso; "Sou candidato", de A. Carvalho e Ferreira Gomes, cantada por Moreira da Silva; "Positivismo", de Noel Rosa e Orestes Barbosa, cantada por Marília Batista; "Século do progresso", de Noel Rosa, cantada por Marília Batista; "Para os meninos da Nicarágua", de S. Costa, P. Emílio e Aldir Blanc, cantada por Sueli Costa; "Este é um país que vai pra frente", de Heitor Carillo, cantada pelo grupo Os Incríveis; "Xingu disco", de Laert Sarrumor e Carlos Melo, cantada pelo grupo Língua de Trapo; "Exaltação a Tiradentes", de Mano Décio, Penteado e E. Silva, cantada por Mano Décio da Viola; "Samba do criolo doido", de Sérgio Porto, cantada pelo grupo Quarteto em Cy; "O rancho da goiabada", de João Bosco e Aldir Blanc, cantada por João Bosco; "Charles anjo 45", de Jorge Ben Jor, cantada pelo compositor, "Pesadelo dos navegantes", de Ronaldo Barbosa, cantada por Arlindo Jr.; "Geraldinos e arquibaldos", de Gonzaguinha, cantada pelo compositor; "Acorda amor", de Leonel Paiva e Julinho da Adelaide (Chico Buarque), cantada por Chico Buarque; "Família", de Arnaldo Antunes e Toni Bellotto, cantada pelo grupo Titãs; "Saudosa maloca", de Adoniran Barbosa, cantada pelo grupo Demônios da Garoa; "Podres poderes", de Caetano Veloso, cantada pelo compositor, "O bêbado e a equilibrista", de João Bosco e Aldir Blanc, cantada por Elis Regina; "Alô, alô marciano", de Rita Lee e Roberto de Carvalho, cantada por Elis Regina; "Querelas do Brasil" (boa para um trabalho em paralelo com Aquarela do Brasil, de Ary Barroso), de Maurício Tapajós e Aldir Blanc, cantada por Elis Regina; "Coisas nossas", de Noel Rosa, cantada pelo compositor; "O mestre-sala dos mares", de João Bosco e Aldir Blanc, cantada por Elis Regina; "Pois é, seu Zé", de Gonzaguinha, cantada pelo compositor; "Bié, bié", de Gonzaguinha, cantada pelo compositor; "Tropicália", de Caetano Veloso, cantada pelo compositor; "Brazix muamba", de Rita Lee e Roberto de Carvalho, cantada por Rita Lee; "Paraíba", de Luiz Gonzaga e Humberto Teixeira, cantada por Luiz Gonzaga; "Brasil pandeiro", de Assis Valente, cantada por Léo Vilar; "Positivismo", de Orestes Barbosa e Noel Rosa, cantada por Noel Rosa; "Yaô", de Pixinguinha e Gastão Viana, cantada por Pixinguinha e Benedito Lacerda; "África Brasil (Zumbi)", de Jorge Ben Jor, cantada pelo compositor; "Xica da Silva", de Jorge Ben Jor, cantada pelo compositor; "Canto latino", de Milton Nascimento e Ruy Guerra, cantada por Milton Nascimento; "Saudade dos aviões da Panair", de Milton Nascimento e Fernando Brant, cantada por Elis Regina; "Heróis da liberdade", de Silas de Oliveira, Mano Décio da Viola e Manoel Ferreira, cantada por Mano Décio da Viola; "Romanceiro da Inconfidência", Cecília Meirelles e Chico Buarque, cantada por Chico Buarque; "Legado de Getúlio Vargas", de Silas de Oliveira e Walter Rosa, cantada por Walter Rosa; "A cara do Brasil", de Vicente Barreto e Celso Viáfora, cantada por C. Viáfora; "Vai passar", de Chico Buarque e Francis Hime, cantada por Chico Buarque; "Brejo da cruz", de Chico Buarque, cantada pelo compositor; "Música de trabalho", de Renato Russo, cantada pelo compositor; "Arueira", de

Geraldo Vandré, cantada por Jair Rodrigues; "Alexandre", de Caetano Veloso, cantada pelo compositor, "Homo sapiens", de Jorge Ben Jor, cantada pelo compositor; "Homem primata", de Sérgio Brito, M. Fromer, Nando Reis e Ciro Pessoa, cantada pelo grupo Titãs; "Mulheres de Atenas", de Chico Buarque e Augusto Boal, cantada por Chico Buarque; "Guerra santa", de Gilberto Gil, cantada pelo compositor; "Labirinto", de Jorge Mautner e N. Jacobina, cantada por Gilberto Gil; "Objeto sim, objeto não", de Gilberto Gil, cantada pelo compositor; "A ciência em si", de Gilberto Gil e Arnaldo Antunes, cantada por G. Gil, "Clube da esquina nº 2", de Lô Borges, Márcio Borges e Milton Nascimento, cantada por Lô Borges; "Tô voltando", de Maurício Tapajós e Paulo César Pinheiro, cantada por Simone; "Canudos", de Antonio Nóbrega e Wilson Freire, cantada por Antonio Nóbrega; "A paz", de Gilberto Gil e João Donato, cantada por Gilberto Gil; "Antônio Conselheiro", de Carlos Cruz e Fernando César, cantada pelo grupo Trio Nordestino e "Róseas flores da alvorada", anônimo, cantada por Lenita Bruno (exemplo de modinha da época do império, recolhida por Mário de Andrade).

No carnaval do ano 2000 as escolas de samba do grupo especial do Rio de Janeiro e de São Paulo, em comum acordo, realizaram seus desfiles ao som de sambas compostos especialmente com vistas à comemoração dos 500 anos do descobrimento do Brasil. Cada canção teve como tema um determinado período histórico nacional; portanto, todo o conjunto dessas canções carnavalescas interessa diretamente às aulas em que o assunto seja a história do nosso país.

Geografia: "Pelas capitais", de Moraes Moreira e Jorge Mautner, cantada por Moraes Moreira; "O descobridor dos sete mares", de Michel e Gilson Mendonça, cantada por Tim Maia; "Os passistas", de C. Veloso, cantada pelo compositor, "Onde o Rio é mais baiano", de C. Veloso, cantada pelo compositor; "Trilhos urbanos", de C. Veloso, cantada pelo compositor, "Aldeia", de Arnaud Rodrigues e Chico Anízio (Baiano e os Novos Caetanos), cantada pelos compositores; "Boi do Maranhão", do folclore maranhense e Sérgio Habibe, cantada pelo grupo Boca Livre; "Você já foi à Bahia?", de Dorival Caymmi, cantada pelo compositor; "Santa Catarina", de Teixeirinha, cantada pelo compositor; "Verde e amarelo", de Teixeirinha, cantada pelo compositor; "Velho casarão", de Teixeirinha, cantada pelo compositor; "Morro velho", de Milton Nascimento, cantada pelo compositor; "Ponta de areia", de Milton Nascimento e Fernando Brant, cantada por Milton Nascimento; "O rio", de C. Augusto e Mário Marcos, cantada por Chitãozinho e Xororó; "Sinal fechado", de Paulinho da Viola, cantada pelo compositor; "Transversal do tempo", de João Bosco e Aldir Blanc, cantada por Elis Regina; "Pivete", de Chico Buarque e Francis Hime, cantada por Chico Buarque; "Os meninos do Brasil", de C. Augusto, A. C. de Carvalho e J. Homero, cantada por Chitãozinho e Xororó; "Música de trabalho", de Renato Russo, cantada pelo compositor; "O progresso", de Roberto Carlos e Erasmo Carlos, cantada por Roberto Carlos; "Ilegal, imoral ou engorda", de Roberto Carlos e Erasmo Carlos, cantada por Roberto Carlos; "Panorama ecológico", de Roberto Carlos e Erasmo Carlos, cantada por Roberto Carlos; "Planeta água", de Guilherme Arantes, cantada pelo compositor; "Chiclete com banana", Gordurinha e A. Castilho, cantada por Jackson do Pandeiro; "Yes, nós temos banana", de João de Barro e Alberto Ribeiro, cantada por Caetano Veloso; "Touradas em Madri", de João de Barro e Alberto Ribeiro, cantada por Almirante; "Caixa Econômica", de Orestes Barbosa e Antônio Nássara, cantada por João Petra de Barros e Luís Barbosa; "Charles anjo 45", de Jorge Ben Jor, cantada pelo compositor; "De frente pro crime", de João Bosco e Aldir Blanc, cantada por João Bosco; "Brejo da cruz", de Chico Buarque, cantada pelo compositor; "Distraída pra morte", de Otto, cantada pelo compositor; "Renault/Peugeot", de Otto, Gilmar e Pupilo, cantada por Otto; "Brazix muamba", de Rita Lee e Roberto de Carvalho, cantada por Rita Lee; "Yaô", de Pixinguinha e Gastão Viana, cantada por Pixinguinha e Benedito Lacerda; "Moro na roça", de Zagaia e Xangô da Mangueira, cantada por Clementina de Jesus; "Romaria", de Renato Teixeira, cantada por Elis Regina; "Cidade lagoa", de Cícero Nunes e Sebastião Fonseca, cantada por Moreira da Silva; "Aquarela Brasileira", de Silas de Oliveira, cantada por Elza Soares; "Aquarela do Brasil", de Ary Barroso, cantada por Elis Regina (existem outros intérpretes); "Essa é verdade", de Mário A. Aydar e Wanderley Doratiotto, cantada pelo grupo Premeditando o Breque; "Família", de Arnaldo Antunes e Toni Bellotto, cantada pelo grupo Titãs; "Admirável gado novo", de Zé Ramalho, cantada pelo compositor; "Defeito 3: politicar", de Tom Zé, cantada pelo compositor; "Defeito 8: ONU, arma mortal", de Tom Zé e André Abujamra, cantada por Tom Zé; "Estrela natureza", de Sá e Guarabira, cantada pelos compositores; "Lá vem o Brasil descendo a ladeira", de Pepeu Gomes e Moraes Moreira, cantada por Moraes Moreira; "Itamarandiba", de Milton Nascimento e Fernando Brant, cantada por Milton Nascimento; "A massa", de R. Sodré e A. J. Portugal, cantada por Raimundo Sodré; "Metrópole", de Renato Russo, cantada pelo grupo Legião Urbana; "Tuaregue e Nagô", de Lenine e Bráulio Tavares, cantada por Mônica Salmaso; "Pedra de responsa", de Zeca Baleiro e Chico César, cantada por Zeca Baleiro; "Kid Vinil", de Zeca Baleiro, cantada pelo compositor; "Miss Brasil 2000", de Rita Lee e Lee Marcucci, cantada por Rita Lee; "1406", de Dinho e Júlio Rasec, cantada pelo grupo Mamonas Assassinas; "Querelas do Brasil", de Maurício Tapajós e Aldir Blanc, cantada por Elis Regina; "Paratodos", de Chico Buarque, cantada pelo compositor; "Bye bye, Brasil", de Roberto Menescal e Chico Buarque, cantada por Chico Buarque; "País tropical", de Jorge Ben Jor, cantada pelo compositor; "Paris tropical", de Juca Chaves, cantada pelo compositor; "Chuva na montanha", de Fernando Oly, cantada por Lô Borges; "Chapada dos Guimarães", de Kátia Teixeira e R. Garcia, cantada pelos compositores; "Na Chapada", de Tetê Espíndola e Carlos Rennó, cantada por Tetê Espíndola e Ney Matogrosso; "Balão trágico", de Mário Manga e Dioni Moreno, cantada pelo grupo Premeditando o Breque; "Lua de mel", de Mário Manga, Marcelo e Osvaldo Luiz, cantada pelo grupo Premeditando o Breque, cantada pelos compositores; "Melô da economia", do grupo Premeditando o Breque, "Sonhos sonhos são", de Chico Buarque, cantada pelo compositor; "Goiatuba", de Álvaro, Bruno, Miguel, Sheik e Coelho, cantada pelo grupo Biquini Cavadão; "Desordem", de S. Britto, M. Fromer e C. Gavin, cantada pelo grupo Titãs; "O Mundo", de André Abujamra, cantada pelo grupo Karnak; "Alma não tem cor", de André Abujamra, cantada pelo grupo Karnak; "Carcará", de João do Vale e José Cândido, cantada por Maria Bethânia; "Terra seca", de Ary Barroso, cantada por Virgínia Rodrigues, "Lamento de raça" (sobre as queimadas das matas), de Emerson Maia, cantada por David Assayag; "Saga da amazônia", de Vital Farias, cantada por Geraldo Azevedo; "O sol", de Edgard Scandurra e Arnaldo Antunes, cantada por Arnaldo Antunes; "Planeta azul", de Xororó e Aldemir, cantada por Chitãozinho e Xororó; "Cores vivas", de Gilberto Gil, cantada pelo compositor; "O preto que satisfaz", de Gonzaguinha, cantada pelo compositor; "Primavera", de

Cassiano e S. Rochael, cantada por Tim Maia; "As quatro estações do ano", de Bidi, cantada por Jair Rodrigues; "As quatro estações", de Sandy e Álvaro Socci, cantada por Sandy e Júnior; "Canção do expedicionário", de Guilherme de Almeida e S. Rossi, cantada pelo coral Carlos Gomes; "Alagados", de Herbert Vianna, Bi Ribeiro e João Barone, cantada pelo grupo Paralamas do Sucesso; "Selvagem", de Herbert Vianna, Bi Ribeiro e João Barone, cantada pelo grupo Paralamas do Sucesso; "Ziriguidum Tcham", de Sá, cantada por Sá e Guarabira, "Iracema voou," de Chico Buarque, cantada pelo compositor; "Muzak", de Zeca Baleiro, cantada por Rita Ribeiro; "Graça divina", de Gilberto Gil, cantada pelo compositor; "Guerra santa", de Gilberto Gil, cantada pelo compositor; "Se Deus deu tudo", de Leci Brandão e Zé Maurício, cantada por Leci Brandão; "Vozes da seca", de Luiz Gonzaga e Zé Dantas, cantada por Luiz Gonzaga; "Sêca", de Djavan, cantada pelo compositor; "Doutor", de Toni Garrido, Bino, Da Gama e Lazão, cantada pelo grupo Cidade Negra; "O baque do pilão", de Celso Viáfora, cantada pelo compositor; "A cara do Brasil", de Vicente Barreto e Celso Viáfora, cantada por C. Viáfora; "Casa cheia", do grupo Detentos do RAP, cantada pelos compositores; "A cidade", de Chico Science, cantada pelo compositor e "Patrão, prenda seu gado", de Pixinguinha, Donga e João da Bahiana, cantada por Martinho da Vila.

Existem muitas canções cujas letras tratam de cidades ou estados brasileiros ("Maringá", "Tardes de Lindoia", "Marília", "Ituverava", "Brasília", "São Salvador", "Bahia" etc.). Seria impossível relacioná-las todas aqui. Porém, no caso da cidade de São Paulo, por exemplo, recomendamos as seguintes canções: "Sampa", de Caetano Veloso, cantada pelo compositor; "Doideca", de C. Veloso, cantada pelo compositor; "São Paulo, São Paulo", de Osvaldo, Biafra, Claus, Marcelo e Wandy, cantada pelo grupo Premeditando o Breque; "Corre-corre", de Rita Lee e Roberto de Carvalho, cantada por Rita Lee; "Eh! São Paulo", de Alvarenga e Ranchinho, cantada pelos compositores; "Sonora Garoa", de Passoca, cantada pelo compositor; "Trem das onze", de Adoniran Barbosa, cantada pelo compositor; "Linda de lua", de Vicente Barreto e Celso Viáfora, cantada por C. Viáfora; "Café preto", de Otto, cantada pelo compositor; "Paulista", de Eduardo Gudin e Costa Neto, cantada por Vânia Bastos, "São, São Paulo meu amor", de Tom Zé, cantada pelo compositor e a "suíte Paulistana – retrato de uma cidade", de Billy Blanco.

Com relação às profissões, sugerimos: "Coisas nossas" (sobre jornaleiro, baleiro etc.), de Noel Rosa, cantada pelo compositor; "Conversa de botequim" (sobre garçom), de Noel Rosa e Vadico, cantada por Marília Batista, "O orvalho vem caindo" (sobre guarda civil e mendigo), de Noel Rosa, cantada por Marília Batista; "Fui ao dentista", de C. Nunes e Tião Fonseca, cantada por Moreira da Silva; "O plantador", de Geraldo Vandré e Hilton Alcioli, cantada pelo grupo Quinteto Violado; "Caminhoneiro", de J. Hartford, Roberto Carlos e Erasmo Carlos, cantada por Adriana Calcanhotto; "Cowboy do asfalto", de Joel Marques, cantada por Chitãozinho e Xororó; "Ela é dançarina", de Chico Buarque, cantada pelo compositor; "A preta do acarajé", de Dorival Caymmi, cantada por Gal Costa; "Pescaria", de Dorival Caymmi, cantada pelo compositor; "Canção da partida (da suíte História de Pescadores – I), de Dorival Caymmi, cantada pelo compositor; "Lamento da lavadeira" (sobre "empregada doméstica"), de Monsueto Menezes, Nilo Chagas e João Violão, cantada por Monsueto; "Sou boy", de Agnaldo e Gaz, cantada por Kid Vinil; "Vendedor de caranguejo", de Gordurinha, cantada por Gilberto Gil; "Canção do sal" (sobre trabalhador das salinas), de Milton Nascimento, cantada por Elis Regina e "Sou candidato", de A. Carvalho e Ferreira Gomes, cantada por Moreira da Silva.

Um disco muito útil para o professor de Geografia é o primeiro do grupo Bate Lata, composto por crianças e jovens de Campinas que interpretam músicas tocando instrumentos feitos com latas – uma alternativa sonora para a sucata. Nele existem canções que tratam principalmente dos menores carentes, da violência urbana e do racismo – entre elas destacamos: "Nos barracos da cidade", de Gilberto Gil e Liminha, "Cruel", de Sérgio Sampaio, "Infratores", de Chico César e Tata Fernandes, "Chaga/Dá licença M", de Chico César, "Violência nunca mais", de Chico Esperança, "Bate Lata", de Ronaldo da Costa e "Olhos coloridos", de Macau.

Língua inglesa: "Hello goodbye" (boa para as primeiras aulas do idioma), de John Lennon e Paul McCartney, cantada pelo grupo The Beatles, "All togheter now" (boa para o treino de iniciantes, com nome das letras, das cores, dos números etc.), de John Lennon e Paul McCartney, cantada pelo grupo The Beatles; "Eleanor Rigby", de John Lennon e Paul McCartney, cantada pelo grupo The Beatles; "I'm not dog no", de Falcão e Tarcísio Matos (versão do português para o inglês da canção "Eu não sou cachorro não" de Waldick Soriano), cantada por Falcão; "Kid Vinil", de Zeca Baleiro, cantada pelo compositor; "Homem primata", de Sérgio Brito, M. Fromer, Nando Reis e Ciro Pessoa, cantada pelo grupo Titãs; "Imagine", de John Lennon, cantada pelo compositor; "What a wonderful world", de Louis Armstrong, cantada pelo compositor; "Samba do approach", de Zeca Baleiro, cantada por Zeca Baleiro e Zeca Pagodinho; "1406", de Dinho e Júlio Rasec, cantada pelo grupo Mamonas Assassinas; "Ziriguidum Tcham", de Sá, cantada por Sá e Guarabira; "Good bye", de Assis Valente, cantada por Carmen Miranda e "YI, YI, YI, YI (I like you very much)", de A. Newman e F. Loesser, cantada por Carmen Miranda.

Língua portuguesa: "Ói nóis aqui tra veis", de Geraldo Blota e Joseval Peixoto, cantada pelo grupo Demônios da Garoa; "Gramática", de Sandra Perez e Luiz Tatit, cantada por Luiz Tatit e José Miguel Wisnik; "Outras palavras", de Caetano Veloso, cantada pelo compositor; "Como 'vaes' você", de Ary Barroso, cantada por Carmen Miranda; "Os quindins de Iaiá", de Ary Barroso, cantada por Cyro Monteiro; "Samba do Arnesto", de Adoniran Barbosa e Alocin, cantada por Adoniran Barbosa; "Tropicália", de Caetano Veloso, cantada pelo compositor; "Azul" (boa para lições sobre diminutivo), de Djavan, cantada por Gal Costa; "Lamento da lavadeira" (boa para lições sobre diminutivo e aumentativo), de Monsueto Menezes, Nilo Chagas e João Violão, cantada por Monsueto; "Eu quero essa mulher assim mesmo" (boa para lições sobre adjetivos), de Monsueto Menezes e José Batista, cantada por Caetano Veloso; "Na Chapada" (boa para distinções ortográficas entre "x" e "ch"), de Tetê Espíndola e Carlos Rennó, cantada por Tetê Espíndola e Ney Matogrosso, "Moro na roça", de Zagaia e Xangô da Mangueira, cantada por Clementina de Jesus, "Uma Arlinda mulher", de Dinho e Bento Hinoto, cantada pelo grupo Mamonas Assassinas; "Objeto sim, objeto não", de Gilberto Gil, cantada pelo compositor; "Querelas do Brasil", de Maurício Tapajós e Aldir Blanc, cantada por Elis Regina; "Pinga ni mim", de Elias Filho, cantada por Sérgio Reis, "Eu te amo você", de Kiko Zambianchi, cantada pelo compositor; "Hymboraewqueyra", de André Abujamra, cantada pelo grupo Karnak; "Funk das abelhas", de Gustavo Kurlat, cantada pelo compositor; "Orora analfabeta", de Gordurinha, cantada por J. Macalé; "Vô batê pá tu" (boa para explicações sobre gírias), de Arnaud Rodrigues e Orlandivo, cantada por A. Rodrigues e Chico Anízio (Baiano e os Novos Caetanos); "Cordiais saudações", de Noel Rosa, cantada por Marília Batista; "O ouro e a madeira", de Ederaldo Gentil, cantada pelo grupo Originais do Samba e "Metáfora", de Gilberto Gil, cantada pelo compositor.

Literatura (e filosofia): "Os argonautas", de Caetano Veloso, cantada pelo compositor; "O quereres", de C. Veloso, cantada pelo compositor, "Livros", de C. Veloso, cantada pelo compositor; "O navio negreiro", de Castro Alves e C. Veloso, cantada por C. Veloso; "Tropicália", de C. Veloso, cantada pelo compositor; "Sinal fechado", de Paulinho da Viola, cantada pelo compositor; "Funeral de um lavrador", de João Cabral de Melo Neto e Chico Buarque, cantada por C. Buarque; "Divina comédia humana", de Belchior, cantada pelo compositor; "Leiteratura", de Gariba, cantada por Ary Toledo; "O que", de Arnaldo Antunes, cantada pelo grupo Titãs; "Lenda do Pégaso", de Moraes Moreira e Jorge Mautner, cantada por Moraes Moreira; "Querelas do Brasil", de Maurício Tapajós e Aldir Blanc, cantada por Elis Regina; "Romanceiro da Inconfidência", Cecília Meirelles e Chico Buarque, cantada por Chico Buarque; "Epigrama nº 9", de Cecília Meirelles e Fagner, cantada por Fagner; "Fanatismo", de Florbela Espanca e Fagner, cantada por Fagner; "Traduzir-se", de Ferreira Gullar e Fagner, cantada por Fagner; "Na ribeira deste rio", de Fernando Pessoa e Dori Caymmi, cantada por Mônica Salmaso; "Poema popular", de Noel Rosa e Vadico, cantada por Marília Batista; "É doce morrer no mar", de Jorge Amado e Dorival Caymmi, cantada por Dorival Caymmi; "Além alma", de Paulo Leminski e Arnaldo Antunes, cantada por Arnaldo Antunes; "Soneca", de R. Stroeter e Edgar Poças, cantada por Mônica Salmaso; "Modinha", de Manuel Bandeira e J. Ovalle, cantada por Lenita Bruno; "Espinho na roseira/Drumond", de André Abujamra, cantada pelo grupo Karnak; "Metáfora", de Gilberto Gil, cantada pelo compositor; "Átimo de pó", de Gilberto Gil e Carlos Rennó, cantada por G. Gil; "Quanta", de Gilberto Gil, cantada pelo compositor; "O mar e o lago", de Gilberto Gil, cantada pelo compositor (referência: Mário Lago); "Sítio do Pica-Pau-Amarelo", de Gilberto Gil, cantada pelo compositor (referência: Monteiro Lobato); "Pavão misterioso", de Ednardo, cantada pelo compositor (referência: literatura de cordel de João C. de M. Resende e João Melquíades Ferreira); "Polonaise", de Adam Mickiewicz, Paulo Leminski e José Miguel Wisnik, cantada por Ná Ozzetti; "Mestres cantores", de Luiz Tatit e José Miguel Wisnik, cantada pelos compositores; "As rosas eram todas amarelas", de Jorge Ben Jor, cantada pelo compositor (referência: Dostoievsky); "Iracema voou", de Chico Buarque, cantada pelo compositor (referência: José de Alencar); "O velho homem do mar" (boa para trabalho sobre lendas), de Roberto Rei, cantada por Roberto Carlos; "Cigarra", de Milton Nascimento e Ronaldo Bastos, cantada por Simone; "Soneto da separação", de Vinícius de Moraes e Antonio Carlos Jobim, cantada por Elis Regina; "Matita perê" (canção inspirada em Guimarães Rosa, C. Drummond de Andrade e Mário Palmério), de Paulo César Pinheiro e Antonio Carlos Jobim, cantada por A. C. Jobim e "Lindalva", de Francis Hime, cantada pelo compositor.

Os sambas-enredo de algumas escolas de samba podem, eventualmente, interessar ao professor de literatura, desde que tenham qualidade musical e tratem acerca de personalidades literárias – um bom exemplo é a canção "O mundo encantado de Monteiro Lobato", de Darci, Luís e Batista (gravada por Elza Soares), com a qual a escola de samba Mangueira foi campeã no desfile do carnaval de 1967 no Rio de Janeiro (em 1987 o tema da mesma escola foi C. Drummond de Andrade).

Vale citar, ainda, o compositor André Luiz Oliveira, que compôs 12 canções sobre poemas do livro *Mensagem*, de Fernando Pessoa, as quais foram gravadas por intérpretes variados e estão todas reunidas num mesmo disco (selo Eldorado) – são indicados: "Prece", cantada por Gilberto Gil; "A última nau", cantada por Zé Ramalho e "Padrão", cantada por Caetano Veloso. Existe também um disco da cantora Teca Calazans (selo Funarte) em que ela interpreta músicas compostas por Villa-Lobos, Ivone Lara, Martinho da Vila etc. a partir de poemas de Mário de Andrade e Manuel Bandeira – são indicadas: "Viola quebrada", "A serra do rola-moça" e "Azulão". Caso interesse ao professor analisar os textos das modinhas imperiais recolhidas por Mário de Andrade em sala de aula, recomendam-se: "Hei de amar-te até morrer" e "Róseas flores da alvorada", ambas de compositores anônimos e cantadas por Lenita Bruno (selo Festa).

Arte: "Trem das cores", de Caetano Veloso, cantada pelo compositor, "Sinal fechado", de Paulinho da Viola, cantada pelo compositor; "Escultura", de Adelino Moreira e Nélson Gonçalves, cantada por Nélson Gonçalves; "Tropicália", de Caetano Veloso, cantada pelo compositor; "O que é que a baiana tem?", de Dorival Caymmi, cantada por Carmen Miranda e D. Caymmi; "Aquarela", de Vinícius de Moraes e Toquinho, cantada por Toquinho, "Lenda do Pégaso", de Moraes Moreira e Jorge Mautner, cantada por Moraes Moreira; "Pedra de responsa", de Zeca Baleiro e Chico César, cantada por Zeca Baleiro; "Ziriguidum Tcham", de Sá, cantada por Sá e Guarabira, "Pavão misterioso", de Ednardo, cantada pelo compositor; "O amanhã" (sobre misticismo), de João Sérgio, cantada por Simone, "Papel marchê", de João Bosco e Capinan, cantada por João Bosco; "Tempo e artista", de Chico Buarque, cantada pelo compositor e "O caderno", de Toquinho e Mutinho, cantada por Chico Buarque. Para uma atividade que envolva histórias em quadrinhos, recomendamos: "Festa do Bolinha", de Roberto Carlos e Erasmo Carlos, cantada por Erasmo; "Charlie Brown", de Benito Di Paula, cantada pelo compositor e "Aniversário do Tarsan", de Bonsucesso, Carioca e Bidi, cantada pelo grupo Originais do Samba.

Caso o professor procure músicas mais adequadas para alunos da pré-escola ou então dos anos iniciais do ensino fundamental, recomendamos que evite a maioria das gravações disponíveis relacionadas direta ou indiretamente com os programas direcionados ao público infantil com apresentador. Discos lançados antes dessa época e alguns mais recentes (geralmente sem vínculos com tais programas) costumam trazer mais qualidade musical e literária nas canções que aqueles em que apresentadores de televisão figuram como pretensos cantores.

Ávidos por sucesso e por dinheiro, tais apresentadores e suas gravadoras divulgam, exaustivamente, com um marketing agressivo, o produto final de má qualidade: a música repetitiva à exaustão e a letra pobre (que induzem as crianças a erros conceituais, morais etc.), má escolha do repertório, desafinação na interpretação etc. A consequência é o consumismo exagerado desse produto descartável pela maior parte da população.

Cabe ao professor esclarecer e orientar, ao menos razoavelmente, seus alunos, desde os de pouca idade, para que desenvolvam um espírito mais crítico quando escutam música. Este livro indica músicas instrumentais fantásticas como "Pedro e o lobo" e "O carnaval dos animais", por exemplo, além de boas canções. Em inglês, comece por exemplo pelo disco "Yellow submarine" do grupo The Beatles. Em português há composições de Lamartine Babo e João de Barro, entre outros, cantadas por Carmen Miranda, Aracy de Almeida etc., que são interessantes. Infelizmente, muitas pessoas têm esquecido o patrimônio folclórico riquíssimo de nosso país e, desse modo, muitas canções de roda (cirandas) que nossos antepassados cantaram quando eram crianças têm se perdido no tempo.

Um dos compositores que observou o valor da música folclórica brasileira e de certo modo a preservou em suas composições foi Heitor Villa-Lobos. Recentemente o selo Funarte lançou um disco com gravações de melodias infantis folclóricas com simples e belos arranjos de Villa-Lobos. Esse disco é altamente recomendável, seja por seu resgate, por sua qualidade, ou ainda pelo fato de ser cantado por crianças bem afinadas, o que facilita a assimilação timbrística e o aprendizado das crianças ouvintes dessas melodias.

Quando a televisão brasileira promoveu a produção do seriado *O sítio do pica-pau- amarelo*, a partir da obra homônima de Monteiro Lobato, estimulou os compositores brasileiros a escreverem cada vez mais canções para crianças. Um dos mais dedicados nesse sentido é o compositor Toquinho.

Há poucos anos a televisão produziu os seriados *Rá-tim-bum* e *Castelo Rá-tim-bum*, o que possibilitou a divulgação do trabalho de outros competentes compositores de músicas infantis.

Alguns discos sugeridos ao professor para a faixa etária que se inicia no processo de alfabetização são:
- *Brincando de roda*, da Eldorado.
- *Brincadeiras de roda, estórias e canções de ninar*, da Eldorado.
- *Os saltimbancos*, com músicas de Chico Buarque, da Philips.
- *Os saltimbancos (e outros bichos)*, com músicas de Chico Buarque, com o coral Unifesp, regência de Eduardo Fernandes, da Sonopress.
- *Arca de Noé*, com músicas de Toquinho e Vinicius de Moraes.
- *Arca de Noé 2* (idem).
- *Adivinha o que é*, com o grupo MPB4, da Polygram.

- *Canção dos Direitos da Criança*, com músicas de Toquinho e Elifas Andreato, da Movie Play.
- *A casa de brinquedos – Toquinho*, com músicas de Toquinho e Mutinho, da Mercury-Polygram.
- *Roda gigante*, com canções de Gustavo Kurlat, da Escola Viva.
- *A festa do menino maluquinho*, da Pererê-Polygram.
- *Quero passear, com o grupo Rumo*, da Palavra Cantada.
- *Canções de brincar*, da Palavra Cantada.
- *Canções de ninar*, da Palavra Cantada.
- *Cantigas de roda*, da Palavra Cantada.
- *Castelo Rá-tim-bum*, da Velas-Eldorado.

A ária e o recitativo

A ária pode apresentar diversas características internas variáveis, porém, em essência, trata-se de uma composição musical destinada a uma ou mais vozes solistas, necessariamente acompanhadas por instrumentos musicais. Distingue-se da canção principalmente em três aspectos:

(1) não se caracteriza plenamente como "forma musical", estando geralmente inserta e atrelada a uma forma maior, como uma ópera, uma cantata, um oratório etc.;
(2) geralmente apresenta um grau de dificuldade técnica de execução bem maior;
(3) costuma não ser estrófica, ou seja, não se prende tanto a um formalismo que a poesia costuma exigir da melodia na canção.

O recitativo é um modo de falar que beira o cantar, estando geralmente livre no aspecto rítmico das frases, mas preso às entoações frasais, à altura dos sons. Isso denota grande expressividade verbal do recitativo, daí sua grande semelhança com a declamação de poesias em literatura. Faz parte geralmente das óperas e dos oratórios nos momentos em que há algum diálogo, contando sempre com um fundo ou um acompanhamento instrumental.

A ária e o recitativo são diferentes portanto, porém é muito frequente aparecerem nas obras musicais intercalados, daí o fato de apresentarem esses dois modos de trabalhar a melodia junto com o texto verbal num mesmo tópico do livro: são "formas" irmãs.

Atividade 19

Área de ampla aplicação
Literatura

Área de restrita aplicação
História
Geografia

Objetivo principal
Em literatura: estudar as obras de Tomás Antônio Gonzaga e Mário de Andrade.
Em história: analisar a Inconfidência Mineira, a política cafeeira e a sociedade brasileira nos séculos XIX e XX, entre outros temas.
Em geografia: estudar os estados de Minas Gerais e São Paulo, sua cultura e economia.

Nível dos alunos
A partir do 8º ano do ensino fundamental.

Tempo sugerido para o trabalho
3 aulas

Material:
Músicas/intérpretes sugeridos:
1) "Mel nacional – criação interdisciplinar sobre Mário de Andrade e seu tempo" – Idealização e organização de Anna Maria Kieffer, a partir de cantos tradicionais coletados por Mário de Andrade.
Vários intérpretes, disco *Mel nacional*, Akron Projetos Culturais – apoio: Rádio Cultura FM de São Paulo e Secretaria da Cultura do Estado de São Paulo.
2) "Marília de Dirceu – 12 árias" – compositor anônimo brasileiro do século XIX. Anna Maria Kieffer, Gisela Nogueira e Edelton Gloeden, IPHAN.

Desenvolvimento

A cantora Anna Maria Kieffer desenvolveu dois trabalhos musicais que interessam aos professores de literatura. Um deles privilegia a obra e o trabalho como pesquisador musical do escritor Mário de Andrade, com destaque para o livro *Macunaíma*, num misto de árias, efeitos sonoros e narrativas por parte de locutores, enquanto outro destaca *Marília*, de Dirceu, pseudônimo do poeta inconfidente Tomás Antônio Gonzaga, por meio de doze árias compostas por um compositor anônimo do século XIX sobre esse texto, interpretadas por Kieffer com acompanhamento de violão e viola.

Portanto, o professor de literatura, quando abordar os movimentos literários dos séculos XVIII ou XX no Brasil, analisando as obras desses escritores, poderá fazê-lo de forma mais agradável, proporcionando a seus alunos a audição dessas gravações. Lembre-se que a ária tem um apelo mais lírico que a canção, por exemplo, e, desse modo, convém que o professor esclareça isso a seus alunos. Quanto ao procedimento em aula, o professor pode apresentar a música antes ou depois de ensinar a matéria, ou até nos dois momentos. O que pode tornar o aprendizado mais interessante ainda, nesse caso, é a integração da literatura com as áreas de história e geografia, pois, no caso de Tomás Antônio Gonzaga, trata-se de um dos inconfidentes mineiros e, no caso de Mário de Andrade, um típico cidadão paulistano moderno da época de progressos em nosso país, propiciados pela riqueza cafeeira.

Os professores de literatura, história ou geografia, quando apresentarem essas músicas, deverão fornecer aos alunos os textos referentes a elas, produzidos pelos escritores – ou, então, solicitar-lhes que pesquisem a respeito. Na área de história, há, ainda, a possibilidade de um trabalho isolado e simpático: o professor poderá confrontar dois (ou mais) estilos diferentes musicalmente por meio de árias dos séculos XIX e XX, isto é, poderá confrontar, num paralelo com eventos sociais e culturais, a obra anônima com a desenvolvida pelo grupo de criação coordenado por Kieffer na época da comemoração do centenário de nascimento de Mário de Andrade: são criações de músicos brasileiros, em épocas diferentes, a partir uma mesma forma musical.

Sugestões

Paralelamente a essas louváveis iniciativas de A. M. Kieffer em aproximar a música e a literatura de primeiro nível nas culturas de língua portuguesa, existem empreendimentos semelhantes cujos resultados serão igualmente do interesse do professor de literatura. Entre eles, destacam-se três projetos de Olívia Hime, os quais resultaram em bons discos: o primeiro, quando selecionou alguns poemas do poeta Fernando Pessoa e envolveu compositores como Antonio Carlos Jobim, por exemplo, no intento de obter composições musicais feitas a partir de tais poemas, ou seja, nesse disco, o professor encontrará poemas de Pessoa musicados; nesse projeto, foi a literatura que inspirou a música. O segundo teve essa mesma característica, porém, dessa feita, foram escolhidos alguns poemas de Manuel Bandeira musicados e cantados. Por fim, o terceiro projeto caminha no sentido contrário dos dois anteriores, ou seja, Olívia Hime selecionou algumas composições musicais instrumentais da compositora brasileira Chiquinha Gonzaga, que viveu entre os séculos XIX e XX, portanto, na mesma época de Fernando Pessoa, e contatou alguns músicos e poetas, como H. Belo de Carvalho, por exemplo, com o objetivo de elaborarem letras para tais músicas, transformando-as, assim, em canções; nesse caso, foi a música que inspirou a literatura.

Elisa Lucinda e Denise Emmer realizaram projetos semelhantes aos que relacionei acima. A primeira utilizou poemas de sua própria autoria, enquanto a segunda tomou como base para as músicas alguns poemas de Ivan Junqueira.

Por ocasião da comemoração dos 500 anos do Brasil, A. M. Kieffer desenvolveu, ainda, junto com outros músicos, um magnífico trabalho intitulado *Teatro do Descobrimento*, dentro do projeto *Memória Musical Brasileira*, que interessa principalmente ao professor de história. Trata-se de uma valiosa pesquisa que deu origem a um disco (com o mesmo nome) que pode ser considerado um dos melhores já produzidos no Brasil. O conjunto de melodias reunidas no disco apresenta um panorama das raízes de nossa cultura, indo desde os cantos ibéricos e indígenas até os cantos judaicos, africanos etc. Entre as letras encontram-se escritos do Padre José de Anchieta e de Gregório de Matos, por exemplo, o que possibilita também uma integração entre as áreas de história e de literatura.

É importante que os professores dessas duas áreas igualmente conheçam e utilizem alguns trabalhos do grupo Anima, como o disco *Especiarias*, por exemplo, no qual é possível encontrar representativas canções tradicionais da cultura brasileira interpretadas com primor. Trata-se de outro trabalho excelente, com edição requintada, desde as gravações até o encarte do disco.

O coral

É a música cantada por um grupo de cantores. Geralmente as linhas melódicas do coral não exigem de seus cantores a técnica vocal que é exigida de um solista vocal. Nesse aspecto, a ária para quatro cantores, por exemplo, é considerada uma "ária para quatro solistas", e não um "coral".

O coral pode ser formado somente por crianças, por homens, por mulheres, ou ainda por todos juntos, e assim por diante, ou seja, diversas formações são possíveis. Pode contar com um acompanhamento musical ou não; neste segundo caso, dizemos que se trata de um coral *a cappela*.

As formações e denominações possíveis são muitas, no entanto, o mais comum é o coral em que figurem vozes masculinas e femininas divididas em duas partes cada: graves e agudas, totalizando, assim, um conjunto vocal em que se cantam peças musicais a quatro vozes distintas, as quais se harmonizam entre si.

Assim como num grupo instrumental, se o número de pessoas que atuam musicalmente é grande, faz-se necessária uma pessoa que coordene todo o grupo para que haja exata ordenação temporal e expressiva peça musical que executam; esse coordenador é chamado de regente (ou maestro).

Atividade 20

Área de ampla aplicação
Biologia

Área de restrita aplicação
Química
Arte

Objetivo principal
Em biologia: observar o fenômeno da respiração.

Em química: observar as trocas gasosas vitais ao ser humano no processo respiratório, a complementaridade e dependência entre elementos etc.

Em arte: observar a complementaridade e dependência entre elementos nos aspectos simbólicos, da construção artística etc.

Nível dos alunos
A partir do 8º ano do ensino fundamental (varia o nível dependendo da matéria a ser abordada).

Tempo sugerido para o trabalho
2 ou 3 aulas

Material
Música sugerida:
1) "O cravo brigou com a rosa" – compositor anônimo – música folclórica com arranjo de Heitor Villa-Lobos.

Desenvolvimento
O trabalho com a peça musical folclórica "O cravo brigou com a rosa", com arranjo para coral a duas vozes, de Heitor Villa-Lobos, pode ser útil em muitas disciplinas, ao se aplicarem assuntos que envolvam dois elementos antagônicos, mas complementares. Isso porque esse músico conseguiu elaborar

uma melodia complementar à melodia original tão bela quanto ela, mantendo, ainda, a mesma estrutura frasal e cumprindo perfeitamente a intenção de complementaridade. Esse exemplo prova que a genialidade na arte de se fazer algo se manifesta até nas coisas mais simples – aliás, talvez seja mesmo nelas que se encontram os maiores desafios.

    A combinação de duas notas soando simultaneamente é o fundamento em música daquilo que se convencionou chamar de contraponto, uma vez que cada nota, com suas características sonoras próprias, é como um ponto: algo firme, claro e bem definido no tempo e no espaço. Assim temos como que um ponto contra outro ponto. Ao bom compositor ou arranjador cabe a arte de combinar os sons na sequência temporal em que ocorram. Portanto, duas melodias distintas, compostas pelos sons exclusivos que as formam, podem ser combinadas de modo que seus sons ocorram no mesmo momento ou alternadamente. Caso tenhamos, por exemplo, muitos músicos executando cada qual uma melodia diferente ao mesmo tempo e agrupados, por mínima que seja a diferença melódica, observaremos um contraponto de maior complexidade que o utilizado na atividade proposta, tanto no aspecto melódico, quanto harmônico, rítmico etc. É essa complexidade na combinação sonora que muitas vezes faz com que o ouvinte leigo afirme que não identifica nada em música. Porém, um dos maiores desafios na técnica de se fazer um contraponto é, como em qualquer outra arte, conseguir casar dois elementos diferentes de modo que nenhum se torne inferior ao outro. Nesse sentido, Villa-Lobos conseguiu criar uma linha melódica que se casa bem com as que muitos de nós conhecem desde a infância, mas, além disso, deu-lhe uma personalidade tal que possibilita que possa inclusive configurar-se como uma outra música, independentemente da música folclórica original de que se serviu, se assim o compositor desejasse.

    Se todos os compositores e arranjadores soubessem fazer isso bem, nenhum instrumento de uma orquestra, ou nenhuma voz de um coral, passaria pela desagradável situação de ter que produzir sonoridades muitas vezes desestimulantes para o músico que as produz, já que elas apenas servem a uma melodia principal, sem que constituam melodias com um mínimo de personalidade. Podemos citar um exemplo de complexidade contrapontística em que muitas "vozes" ocorrem ao mesmo tempo, estabelecendo melodias diferentes dentro da gama sonora apenas do piano, partindo da mesma melodia folclórica de "O cravo brigou com a rosa" e escrito também por Villa-Lobos: refiro-me a uma de suas cirandas para piano a qual tem o mesmo nome da música utilizada nessa atividade. Vale a pena também escutá-la e comparar seu arranjo com este mais simples para coral (há uma boa gravação no disco *Cirandas e cirandinhas*, de Roberto Szidon, de 1979, pelo selo Kuarup). O ouvinte talvez consiga perceber que diversos sons ocorrem no piano mais para servirem como suporte à melodia principal do que para complementarem-na em pé de igualdade. Essa comparação entre "O cravo brigou com a rosa" para coral e a "versão" para piano serviria, por exemplo, a um professor de história que quisesse estabelecer distinções entre uma sociedade escravocrata e uma sociedade democrática, ou ainda a um professor de biologia que quisesse comparar uma sociedade heteromórfica, como as das abelhas, cupins ou formigas, com uma colônia isomórfica, como o coral; nesses casos os professores realçariam os detalhes nas diferenças contrapontísticas entre uma e outra peça musical, para então estabelecerem a analogia com os fatos apresentados em suas aulas.

Como afirmado anteriormente, as melodias cantadas pelas duas vozes desse coral de Villa-Lobos são diferentes e complementares. A melodia original da música folclórica é cantada pelas pessoas de voz mais aguda, o que lhe confere certo destaque proposital e merecido – foi a partir dela que o arranjo foi feito. A melodia complementar – que nesse caso não fica nada a dever em termos de fraseado e sentido à primeira – é cantada pelas pessoas de voz mais grave, o que não lhe confere destaque, mas lhe dá o *status* de ser o sustentador (harmônico principalmente) da obra. Ambas compõem-se de quatro frases musicais divididas em dois períodos: o primeiro envolve as duas frases melódicas cantadas junto com cada um dos dois versos iniciais da estrofe, e o segundo envolve as duas frases melódicas finais, cantadas junto com cada um dos dois versos finais da estrofe, ou seja:

PRIMEIRO PERÍODO:
Primeira frase/primeiro verso
O cravo brigou com a rosa

Segunda frase/segundo verso
defronte de uma sacada.

SEGUNDO PERÍODO:
Primeira frase/terceiro verso
O cravo saiu ferido

Segunda frase/quarto verso
a rosa despedaçada.

Na estrofe seguinte, com outros versos, a estrutura musical se repete.

Um ótimo exercício auditivo é tentar cantar a linha melódica da voz mais grave com seus alunos (alguns músicos costumam chamá-la de segunda voz); isso desenvolve muito sua percepção auditiva nos contrapontos. É aconselhável que o professor utilize a gravação feita pelo Coro Infantil do Teatro Municipal do Rio de Janeiro, regido por Elza Lakschevitz, lançada em CD pela Funarte. Nela, o coro canta sozinho, sem acompanhamento instrumental, ou seja, você ouvirá apenas as duas melodias referidas aqui.

O professor de química poderá explicar aos seus alunos as diferenças e a complementaridade existente entre o sódio e o cloro na formação da molécula do sal marinho, por exemplo, apresentando então esse exemplo musical. Assim como o professor de arte poderá abordar aspectos da cultura chinesa, por exemplo, estimulando reflexões semelhantes sobre a simbologia do *yin-yang* com seus alunos. Enfim, o caráter duplo, distinto e complementar desse coral possibilita variadas aplicações não apenas nos conteúdos ou nas disciplinas aqui sugeridos.

Visto que tratamos uma forma musical que tem como uma de suas características principais a sonoridade expressa por meio da voz humana na qual, no processo de produção e de propagação dos sons vocais, nossa respiração é de fundamental importância, propõe-se aqui uma atividade ligada ao coral de Villa-Lobos para a área do ensino da biologia (e mesmo da química), que poderá servir de modelo aos professores para a elaboração de atividades similares em outras disciplinas. Referimo-nos à utilização desse coral como forma de explicar a respiração humana.

O professor de biologia poderá explicar a seus alunos nossa respiração, tomando como exemplo uma peça coral sob muitos aspectos, principalmente os físicos. No entanto, nossa intenção é a explicação que se vale do ponto de vista estrutural da música, aquela que vínhamos anteriormente fazendo. Assim o professor poderá, numa primeira aula, apresentar a gravação da música e chamar a atenção de seus alunos para seu caráter melódico duplo, como vimos, e ainda comentar a necessidade da figura de um coordenador de todo o processo de execução de uma obra coral que conte com um considerável número de integrantes. Esse coordenador é o regente do coro, ou seja, é o terceiro elemento que está presente, mas não canta, não aparece, ou seja, em certo sentido, para quem apenas ouve a música, ele é inexistente, apesar de sua importância no conjunto.

Estando isso claro, o professor deverá propor a seus alunos que reflitam sobre como os coralistas produzem os sons e como chegam até os ouvidos de espectadores num teatro, por exemplo. Dialogando com a classe, os seguintes pontos deverão ser levantados:

1) as duas cordas vocais do ser humano produzem o som;

2) esse som sai de um ser humano (o cantor) e é transportado até o aparelho auditivo de outro ser humano (o ouvinte) graças à fase de expiração no processo respiratório do primeiro;

3) a onda sonora é propagada pelo ar. Na segunda aula (e, se for o caso, na terceira também), os alunos deverão ouvir novamente

a música e prosseguir nesse trabalho de observações, reflexões e conclusões. Além disso, se for possível, o professor deverá propor que tentem cantar cada uma das duas vozes em separado – com seu auxílio, é claro. Assim, o professor chamará atenção para o fato de que, se não houvesse o processo respiratório e o ar, talvez não pudéssemos escutar as vozes dos cantores. Portanto, os cantores inspiram e expiram, e conseguem cantar bem em consequência, entre outras coisas, de um bom controle da entrada e da saída de ar em seus pulmões. Ora, o ar que inspiram é, em grande parte, composto de oxigênio e uma pequena parcela de gás carbônico, além do nitrogênio envolvido nesse processo. Quando o expiram, o ar que transporta seus sons, em comparação com aquele que inspiraram, aumenta seu número de moléculas de gás carbônico e diminui o número de moléculas de oxigênio, permanecendo o nitrogênio na mesma porcentagem.

Ao chegar a esse ponto da explicação, o professor pode extrapolar o exemplo sonoro apenas como aparato concreto e estimular o pensamento abstrato de seus alunos, comparando a estrutura desse mesmo coral, que lhes serviu no início de seus estudos sobre a respiração humana sob certo aspecto, com o processo respiratório em si. Vejamos: temos duas vozes e um regente em nosso coral e temos três elementos principais no ar. Existem outros elementos no ar? Sim, mas não tão importantes nesse processo, assim como existe o técnico de som que grava o coro, porém a ação fundamental do coro não depende dele, assim como a da respiração humana não depende desses outros elementos do ar. O nitrogênio funciona tal qual o regente do coral, ou seja, passa despercebido, não se altera, mas está lá, presente e participante no processo. O oxigênio é o mais importante, o elemento de destaque, tal qual a melodia original da música folclórica, aquela que é cantada pelas pessoas de voz mais aguda, como já comentado. Por fim, o gás carbônico é diferente e complementar ao oxigênio no processo respiratório; é certo que seja menos importante que ele, mas dá sustentação ao processo, tal qual a melodia complementar do coral, cantada pelas pessoas de voz mais grave. E é esse ar com uma presença mais acentuada de moléculas de gás carbônico que traz a sonoridade do cantor para fora de seu corpo e possibilita que ouçamos a sua voz.

Desse modo, o professor de biologia conseguirá destacar e fixar na mente de seus alunos a noção básica do fenômeno da respiração, ou seja, a absorção do oxigênio e o desprendimento do gás carbônico. É evidente que, no interior de toda essa dinâmica da aula, o professor também comentará informações mais completas a respeito de assuntos ligados aos aparelhos respiratório, fonador e auditivo aqui não discutidos.

Como revisão "ilustrada" da matéria, experimente, um mês após ter utilizado essa música em sala de aula, trazer novamente a gravação para os alunos ouvirem, porém, antes de apresentá-la, solicite a alguém que conte a segunda melodia. Com certeza, praticamente ninguém se recordará dela, mas da melodia original sim. E o que, numa analogia, poderia significar isso? Significa que a melodia principal foi absorvida pelo cérebro dos alunos, tal qual o oxigênio que inspiram foi absorvido por seus corpos, e que a melodia complementar foi descartada (esquecida) por seus registros mentais, tal qual o gás carbônico que expiram em seus processos respiratórios.

ATIVIDADE 21

Área de ampla aplicação
   Literatura
   Arte

Área de restrita aplicação
   História/geografia
   Biologia
   Matemática

Objetivo principal
   Em literatura: estudar os movimentos artísticos pós-modernismo.
   Em arte: estudar os movimentos artísticos pós-modernismo.
   Em história: analisar o imperialismo cultural americano e as reações da cultura brasileira.
   Em biologia: observar o aparelho fonador e suas possíveis variações expressivas sonoras.
   Em matemática: estudar conceitos elementares sobre médias.

Nível dos alunos
   A partir do 1º ano do ensino médio.

Tempo sugerido para o trabalho
   2 ou 3 aulas

Material
   Música/intérpretes sugeridos:
   1) "Motet em Ré menor", de Gilberto Mendes – ano da composição: 1966.
   Kammerchor der Humboldt-Universidade de Berlim, regência de Johannes Garbe, gravado ao vivo em 1990 – disco *Surf, bola na rede, um pente de Istambul e a música de Gilberto Mendes* – Eldorado. Observação: existe ainda as gravações em LP pelo Madrigal Ars Viva (gravadora EMI-Odeon) e pelo Coralusp (selo Marcus Pereira).

Desenvolvimento

Na atividade anteriormente proposta, o professor trabalhou com um coral a duas vozes, o que é ideal caso seus alunos sejam ouvintes iniciantes. No entanto, agora, a proposta envolve um conjunto com quatro vozes distintas, ou seja, quatro grupos de cantores cantando melodias diferentes ao mesmo tempo, ou intercalando-se.

A música indicada para esta atividade ainda hoje causa surpresa em alguns ouvintes ou em espectadores que presenciam um grupo de cantores interpretando-a, em razão de fugir aos padrões convencionais da música coral tradicional.

Trata-se de uma composição que utiliza desde recursos composicionais até recursos de execução pelos intérpretes às técnicas estilísticas empregadas por artistas da segunda metade do século xx, os quais se lançaram às pesquisas e experimentações sonoras avançadas. Assim, essa composição de Gilberto Mendes insere-se naquilo que se convencionou chamar de "música contemporânea", ainda hoje repudiada por muitos ouvintes que não se adaptam bem às resultantes dessas novas possibilidades sonoras, talvez por seus ouvidos estarem demasiadamente acostumados com a música tonal tradicional. O fato é que os anos passaram, e essa composição foi uma dentre várias novas propostas feitas por tais artistas o qual venceu o tempo e as posturas adversas, firmando-se como uma outra possibilidade, que não a tradicional, de escrita musical para coro. A partitura do "Motet em Ré menor", se comparada à partitura de um coral renascentista, por exemplo, deixa isso visualmente bem evidente, até para o leigo em escrita musical.

Selecionamos essa peça por diversos motivos, dentre os quais: por ela ser extremamente adequada ao ensino de literatura, sobretudo quanto aos movimentos artísticos pós-modernistas, por possibilitar aos professores e alunos algum contato também com a música coral feita em nossa época, sem alimentarem a ideia restrita de que um coral é necessariamente "coisa de igreja", "música que lembra os anjos" ou algo parecido; por tratar-se de uma das peças corais brasileiras com maior reconhecimento e respeito no exterior, sendo já apresentada por coros importantes em muitos países.

Assim como a arte plástica contemporânea muitas vezes exige uma integração e interação com seu espectador, para que atinja, com eficácia, sua expressividade final, essa composição coral também conta em certa medida com a participação do público – sendo expressa literalmente nas informações adicionais à partitura pelo compositor. Outros diferenciais são os efeitos experimentados com microtonalismos, sons expirados, sons falados e sussurrados etc., que se articulam num todo cujo interesse final do compositor é, em essência, a massa sonora resultante. A princípio, pode parecer uma atitude maluca para alguns, mas essas variadas possibilidades sonoras foram combinadas com tanta felicidade composicional que o resultado é realmente surpreendente e isso prova que ainda está longe o tempo em que uma máquina, como um computador, por exemplo, possa vir a imitar os recursos sonoros do aparelho fonador humano em tal grau que consiga obter efeitos sonoros semelhantes.

Gilberto Mendes inspirou-se, para fazer essa composição, em uma poesia concreta de Décio Pignatari, tomando seu texto como base para um rico contraponto construído somente sobre quatro notas musicais ré, lá, lá e mi bemol, organizado em blocos de seis compassos cada um com a divisão temporal (pulsação) assim distribuída: 3-2-2-2-2-1. Eis o poema:

beba   coca   cola
babe   cola
beba   coca
babe   cola   caco
caco
cola

c l o a c a

O poema e a música tornaram-se popularmente conhecidos com o título "Beba coca-cola".

Muito já se comentou sobre a crítica às propagandas e aos produtos por elas divulgados. A composição musical preservou tal característica. Assim o coral esteticamente funciona como que um "antijingle", uma melodia curta (aproximadamente 2 min 30 s) contrária ao produto que divulga e que, ao mesmo tempo em que critica a forma persuasiva da propaganda, atinge o ouvinte (tal qual a propaganda pode fazer) a ponto de os espectadores envolverem-se e participarem da música em comunhão com o coro que a interpreta.

A participação da plateia acaba sendo uma crítica ao condicionamento que atinge certos ouvintes que sempre aplaudem um espetáculo ao término do mesmo, sem sequer refletir se ele agradou de fato ou não.

O professor de literatura terá, portanto, uma valiosa maneira de apresentar a poesia concreta a seus alunos valendo-se de um exemplo musical à altura e totalmente confluente com as propostas estéticas do concretismo – melhor ainda: poderá fazer isso com poesia e música brasileiras de qualidade.

Este exercício abrirá a possibilidade de outras confrontações entre os movimentos artísticos da primeira metade do século XX, especialmente o movimento modernista, e os da segunda metade do mesmo século. Projeto semelhante também poderá ser posto em prática pelo professor de arte que pretenda abordar em sua aula questões históricas e/ou estéticas das artes em geral – sendo ótima oportunidade para um trabalho interdisciplinar envolvendo as duas áreas ou outras mais.

Quanto à área de história (ou geografia), parece claro que essa música é produtiva para reflexões e discussões em sala de aula quando o assunto é o imperialismo americano e suas consequências nos países pobres da América Latina, como o Brasil, influenciando ou deturpando as culturas originais da sua população e, ainda, discutir a reação a esse fato a partir, por exemplo, da manifestação artística surgida entre pessoas mais esclarecidas dessa mesma população. Questões como as do consumismo, da valorização do produto importado, da indústria cultural, entre outras, poderão ser analisadas sob a ótica da crítica que o poeta e o compositor fazem à propaganda e ao produto.

O aparelho fonador humano e suas possíveis variações expressivas sonoras podem ser estudados em biologia, tendo como apoio exemplos extraídos dessa composição musical. Nela, o professor encontrará uma gama de efeitos sonoros baseados em sons expirados, sons falados, sussurrados, que poderão ser alvo de estudos.

Com relação à área de matemática, partindo da divisão temporal da música, distribuída na forma 3-2-2-2-2-1, ou seja, no instante inicial de cada trecho da pulsação sendo ternária, depois uma série de pulsações binárias, para concluir numa pulsação de um tempo só, poderá, por exemplo, ensinar a seus alunos conceitos elementares sobre médias. As divisões métricas de compassos e de tempos de cada compasso em muitas músicas compostas principalmente no século XX quase sempre serão muito úteis ao professor dessa disciplina. Esse é apenas um exemplo mais simples de variações métricas, mas existem músicas (as de Igor Stravinski, por exemplo) as quais são bastante complexas e permitirão o desenvolvimento de diversas atividades em matemática.

Sugestões

Na história da música, encontramos muitas peças corais de ótima qualidade musical e de variados gêneros e estilos, que poderão ser muito úteis para a aplicação em aulas de diversas disciplinas, principalmente nas áreas de línguas e literaturas.

Além das composições originais para coro, existem também arranjos musicais para várias vozes construídos a partir de canções. Sem sermos exaustivos, relacionamos, abaixo, alguns grandes compositores desse tipo de música, e também algumas composições e arranjos de maior interesse para analogias nas atividades em sala de aula.

Procure ouvir e conhecer as obras corais de: Guillaume de Machaut, Josquin des Prez, Guillaume Dufay, Orlando di Lasso, Palestrina, Andrea Gabrieli, Claudio Monteverdi, Thomas Morley, John Dowland, Juan del Encina, J. Sebastian Bach, George F. Haendel, W. Amadeus Mozart, J. M. Nunes Garcia, J. Brahms, M. Ravel, C. Debussy, H. Villa-Lobos e A. Schönberg.

Literatura – "Diário confessional", de Ernst Widmer (a partir de poema de Oswald de Andrade), "Quando os ventos chegarem", de Bruno Kiefer (a partir de poema de Carlos Nejar), "Fuga proverbial", de Osvaldo Lacerda (coral falado a 4 vozes) e "Liberdade", de Ronaldo Miranda (a partir de poema de Fernando Pessoa), entre outras.

Línguas – "Insalata italiana", de Richard Genée (para o ensino do italiano), "Más vale trocar", de Juan del Encina (para o ensino do espanhol antigo), "Come again", de John Dowland (para o ensino do inglês antigo), "Ronde", de Maurice Ravel (para o ensino do francês), "Friede auf Erden", de Arnold Schönberg (para o ensino do alemão), entre outras.

História – "Ponta de areia", de Milton Nascimento e Fernando Brant, cantada pelo grupo Boca Livre – esse arranjo vocal, sem acompanhamento instrumental, é excelente para que o ouvinte iniciante na audição de peças corais perceba as vozes dos cantores aparecendo uma a uma e somando-se.

A cantata

Trata-se de uma definição de origem italiana para distinguir aquilo que é cantado daquilo que é tocado, que seria a *tocata*, ou ainda daquilo que soa apenas por meio de instrumentos, que seria a *sonata*.

A *cantata*, como a conhecemos hoje, é uma peça musical, cantada, em que o texto pode ter um sentido sacro. Sua duração é mais extensa que, por exemplo, o de uma canção ou uma cantilena, sendo normalmente dividida em vários segmentos que podem abranger corais, recitativos e árias, quase sempre com acompanhamento instrumental.

ATIVIDADE 22

Área de ampla aplicação
Geografia
Língua alemã

Área de restrita aplicação
História

Objetivo principal
Em geografia: analisar os países europeus, o café e a balança comercial brasileira, a produção cafeeira etc.

Em língua alemã: abordar aspectos da cultura alemã e do alemão falado entre os séculos XVII e XVIII ou, ainda, proposta de exercício de tradução a partir do texto da cantata.

Em história: estudar a sociedade europeia dos séculos XVII e XVIII, a riqueza nacional propiciada pela exportação do café no começo do século XX etc.

Nível dos alunos
A partir do 1º ano do ensino médio.

Tempo sugerido para o trabalho
2 aulas

Material:
Música sugerida:
1) "Cantata do Café – BWV 211", de Johann Sebastian Bach – ano da composição: 1732.

Desenvolvimento
Johann Sebastian Bach, compositor e grande organista e cravista alemão nascido em 1685, produziu uma vasta e rica obra musical que abarca desde concertos, prelúdios, fugas até cantatas, oratórios, corais. Apenas após o século XIX, sua produção musical,

grandiosa em quantidade e qualidade, recebeu as atenções e o destaque que merecia, visto que nela encontramos a fundamentação formal para muitas produções musicais ocidentais posteriores. Esse reconhecimento teve reflexos diretos ou indiretos na obra de muitos compositores do século xx, entre elas as do brasileiro Heitor Villa-Lobos, que, inclusive, escreveu uma série de nove peças musicais, entre 1930 e 1945, intituladas *Bachianas brasileiras*, justamente por aliarem características típicas da música brasileira com aspectos estéticos presentes na obra de Bach.

Escrever sobre a vida e a obra desse compositor que praticamente foi a coluna principal no desenvolvimento da harmonia tonal utilizada até hoje nas composições de músicas do mundo inteiro, principalmente pelos músicos ocidentais, parece desnecessário aqui, pois já existem muitos livros publicados a esse respeito e, além disso, o objetivo deste livro é outro. Porém, recomenda-se a todo professor interessado em utilizar música em suas aulas a buscar mais informações sobre esse compositor, bem como sobre Mozart e Beethoven, por exemplo, já que todos eles são baluartes da arte musical. Quando você ouve uma canção no rádio no Brasil, por exemplo, que se fundamenta no sistema tonal (e talvez mais de 90% delas se fundamentam), você está ouvindo algo que tem raízes nos estudos teóricos desenvolvidos por Bach, mesmo que o compositor que a tenha feito nem imaginasse isso quando a compôs.

Entre diversas possibilidades, selecionou-se da obra de Bach a "Cantata do Café", pois ela espelha uma situação social bastante peculiar que pode servir para um ótimo trabalho nas áreas de geografia, língua alemã e história – trata-se de uma das únicas peças vocais de Bach cujo texto é profano, partindo de um poema satírico de Picander. As razões que levaram Bach a escrever essa música não são muito claras, porém ela manteve a qualidade musical de outras cantatas de sua autoria e ainda mostrou sua versatilidade explorando uma formação de instrumentos, vozes e linhas melódicas muito adequadas ao tom humorístico que o texto exigia.

A estrutura dessa cantata é dividida em árias e recitativos apenas (sem um coral, portanto), que são interpretadas por três solistas: uma soprano (voz feminina aguda), um baixo (voz masculina grave) e um tenor (voz masculina aguda), acompanhados por um pequeno grupo instrumental com cordas, cravo, flauta etc. O tenor canta versos que, pela mensagem que trazem, caracterizam-no como o "narrador" de uma história cujas personagens são um "pai" e sua "filha", retratados por meio dos versos do baixo e da soprano respectivamente.

O enredo da história está num insólito problema: a filha é viciada em tomar café e jura ao pai, que deseja que ela pare com tal vício, que não deixará de bebê-lo por nada do mundo que lhe ofereçam em troca. Criado o atrito, o pai apela, afirmando que não permitiria à filha ter um esposo, ao que ela responde, afirmando, que por um esposo abandonaria, com certeza, seu vício. Feitas as pazes, o pai sai à procura de um marido para sua filha, que então confidencia a nós, ouvintes, pela voz do narrador, sua intenção em não deixar nenhum pretendente entrar em sua casa a menos que antes prometa e faça constar no contrato nupcial que deixará sua esposa tomar café quantas vezes quiser. Há, então, um final no qual todos cantam afirmando que ninguém abandona seu café.

Abaixo está, integralmente, o texto da cantata, numa proposta de tradução, do original em alemão, elaborada especialmente para este livro por João Azenha Júnior, a qual visa salientar a leveza e a graça do texto e aspectos culturais de época que sua mensagem traz, tudo isso numa linguagem adequada para os dias atuais e para a proximidade com a realidade vivida pelos alunos brasileiros.

1. Recitativo – Narrador
Silêncio, por favor! Deixem a conversa para depois
E escutem a história que eu vou lhes contar.
Ali estão o senhor Schlendrian e sua filha Lieschen.
Vejam como ele resmunga feito um urso comendo mel
E escutem vocês mesmos o que sua filha lhe aprontou!

2. Ária – Schlendrian
Os filhos só dão mesmo dores de cabeça!
O que digo todos os dias para minha filha Lieschen
Parece entrar por um ouvido e sair pelo outro.

3. Recitativo – Schlendrian e Lieschen
Schlendrian: Menina ingrata, quando é que você vai me ouvir?
Largue essa mania de tomar café!
Lieschen: Pai, pai, não seja tão duro comigo!
Se eu não tomar três xícaras de café por dia,
Vou ficar dura e seca feito um bife amanhecido.

4. Ária – Lieschen
Ah! Como é doce o meu café!
Mais gostoso que um monte de beijinhos
Mais suave que vinho moscatel.
Café, café: como eu preciso de você!
Se alguém quiser me ver feliz,
É só me dar uma xícara de café.

5. Recitativo – Schlendrian e Lieschen
Schlendrian:
Pois se você não parar de tomar café,
Eu vou te proibir de ir a festas de casamento
E de sair para passear.
Lieschen: Tudo bem, o que fazer?
Prefiro continuar tomando café.
Schlendrian: Mas que menina teimosa!
Também não vou mais te comprar vestido de espartilho
Do comprimento que se está usando agora.
Lieschen: Pois eu aceito a condição.
Schlendrian: E te proíbo de ir à janela
Ficar olhando as pessoas passarem.
Lieschen: Certo, aceito isso também.
Só te peço uma coisa: deixa eu continuar tomando meu café.
Schlendrian: E tem mais: de mim é que você não vai mais ganhar
Fitas prateadas ou douradas para enfeitar teus chapéus.
Lieschen: Certo, certo! Só não me tire o meu prazer.
Schlendrian: Lieschen, Lieschen, menina esperta!
Quer dizer que renuncias a tudo?

6. Ária – Schlendrian
Não é fácil lidar com essas meninas teimosas.
Mas basta encontrar seu ponto fraco
Para a gente conseguir o que quer.

7. Recitativo – Schlendrian e Lieschen
Schlendrian: Você deve fazer o que teu pai vai te dizer...
Lieschen: Qualquer coisa, menos deixar o café.
Schlendrian: É assim? Pois então você terá de se contentar
Em nunca mais se casar.
Lieschen: Ah, não, pai! Ficar sem casar?
Schlendrian: Juro que assim será.
Lieschen: Isso se eu não deixar o café?
Pois bem... cafezinho, adeus para sempre!
Meu pai, escute, nunca mais vou beber café.
Schlendrian: Então está feito.
Vou te arranjar um marido.

8. Ária – Lieschen
Hoje ainda, meu pai, hoje ainda!
Um marido! Um marido!
Isso vai me cair feito uma luva!
Mil vezes um marido na hora de ir me deitar,
Do que ficar tomando café.

9. Recitativo – Narrador
Então o velho Schlendrian põe mãos à obra
Para arrumar o quanto antes um marido para sua filha.
No seu íntimo, porém, Lieschen decide:
"Nenhum pretendente pisará nesta casa
A menos que me prometa de viva voz
E faça constar do contrato nupcial
Que me deixará tomar café quantas vezes eu quiser".

10. Final – Narrador, Schlendrian e Lieschen
Os gatos não deixam os ratos.
Nem as moças seu café.
Se a mamãe toma café,
E a vovó também,
Por que censurar as filhas por isso?

O café entrou na Europa um século antes do nascimento de Bach e, com o passar dos anos, tornou-se uma verdadeira mania para os habitantes de países como Inglaterra, França, Holanda e Alemanha, por exemplo. Ainda hoje, quando alguém viaja à Europa, é comum que visite alguma das tradicionais cafeterias europeias.

No começo essa "mania do café" causou reações adversas, como é comum ocorrer com qualquer novidade, ainda mais quando ela vem do exterior, e as autoridades de certas regiões, sem sequer verificarem se o café era ou não nocivo à saúde, foram logo determinando a proibição de seu consumo. Outros, no entanto, consideravam a tal "mania" muito salutar, visto que propiciava uma nova fonte econômica com a arrecadação de impostos, por exemplo.

O fato é que a vontade popular se impôs e as cafeterias se espalharam pelas cidades, passando a ser ponto de encontro e reuniões de artistas, cientistas, literatos etc. Dentre as cidades da Alemanha, uma das que mais rapidamente teve um elevado número de cafeterias foi Leipzig, onde Bach viveu desde 1723 até o fim de sua vida, em 1750.

Pelo texto e por essas informações adicionais relacionadas, é fácil perceber como os professores de geografia e história podem se valer dessa *cantata* em suas aulas. Ela é o retrato fiel dos costumes sociais de uma época, envolvendo aspectos que vão desde a questão ligada ao modismo (do café) até as referentes às relações entre pais e filhos, os interesses econômicos e políticos das cidades etc. A Europa dos séculos XVII e XVIII está presente nessa cantata, em suas melodias e nos seus versos, basta que o professor explore esse potencial com seus alunos. Poderá inclusive, por meio dessa música, mostrar-lhes uma das razões que levaram o Brasil a encontrar um mercado mundial tão favorável à exportação de seu café, principalmente durante a primeira metade do século XX, ou seja, qual a razão de os europeus terem comprado tanto café do Brasil, sendo que, por exemplo, o café não é um alimento básico na dieta humana.

O professor de língua alemã poderá guiar-se nessa mesma direção quanto aos aspectos culturais alemães. No que diz respeito a exercícios de tradução, por exemplo, cabem diversas

> possibilidades de atividade, de acordo com a intenção do professor e do nível dos alunos, ou seja, acima temos um exemplo de tradução abrangente e adequada à nossa realidade, com o objetivo de servir aos professores em geral. O professor de língua alemã, porém, poderá dirigir o trabalho de tradução de seus alunos também nesse sentido. Poderá, por exemplo, propor uma tradução mais avançada, com o detalhamento nas características mais próximas da poesia (com versos rimados, divisão silábica adequada etc.), ou outra, mais simples, direcionada para uma adaptação do texto a uma representação teatral, num trabalho interdisciplinar com a área de arte cênica, por exemplo.
>
> O modo de utilizar a música com seus alunos pode ser variado e creio que, nas outras atividades propostas neste livro, o professor encontrará informações sobre as possibilidades de como proceder a esse respeito.

Sugestão:

Outras cantatas de Bach, de G. P. Telemann, de Krieger e *Carmina Burana*, de Carl Orff.

A MÚSICA PARA TOCAR

O instrumento solista (o concerto e o recital)

A partir do momento em que o ser humano, nas mais remotas eras, descobriu e integrou as potencialidades sonoras de seu aparelho vocal e de seus membros, com sua capacidade de pensar e criar, construiu instrumentos que podia manipular com o objetivo de produzir sons diversos daqueles oriundos de seu próprio corpo. Assim estava inventada a forma primitiva do que hoje denominamos "instrumento musical".

Os primeiros instrumentos musicais podem ter servido a variados propósitos: evocação divina num ritual, auxílio na caça, diversão etc. Com os estudos científicos, eles evoluíram, em busca, principalmente, da melhoria de suas sonoridades. A partir do final da época medieval, a proliferação dos tipos de instrumentos musicais, a melhora de suas sonoridades e a ampliação do número de pessoas que dominavam a técnica exigida para manipulá-los foi intensa, chegando ao ponto de possibilitar que instrumentos musicais, originariamente utilizados na caça, na batalha militar, nos salões aristocráticos, nos rituais religiosos ou nas festas folclóricas, fossem agrupados para ter suas sonoridades combinadas numa execução musical conjunta. Estava, então, criado o princípio daquilo que viria a ser chamado mais tarde de "concerto" – palavra cuja origem está no idioma italiano e significa "harmonia" ou "acordo".

Tal como a entendemos hoje, a palavra "concerto" remete a uma apresentação pública conjunta de um grupo volumoso de músicos, cada qual tocando o instrumento musical de que é especialista (no sentido de articulá-lo e conseguir extrair dele a melhor sonoridade e expressividade possíveis), em oposição ao "recital", que remete a um único músico ou a um grupo reduzido de músicos que se apresenta para outras pessoas. Geralmente apenas um instrumentista muito talentoso propõe-se a se apresentar sozinho num recital. Pode, ainda, participar de um concerto no qual se apresente como destaque na música, utilizando todo o conjunto restante de instrumentistas como acompanhantes das melodias que executa. Nesse caso, para distinguir esse músico virtuoso dos demais, denominamo-lo "solista", ou seja, aquele que toca sozinho uma determinada linha melódica, mais difícil de ser executada no instrumento.

Existem diversos compositores na história da música que escreveram concertos para um determinado instrumento solista acompanhado por uma orquestra. É fácil, mesmo para o leigo em música, reconhecer esse tipo de composição, pois é bastante nítida a diferença sonora entre a execução instrumental do solista e a da orquestra, ocorrendo quase sempre a alternância entre o primeiro e a segunda durante o tempo da execução musical – caso os professores se interessem, no conteúdo de alguma matéria, pela relação da unidade para com o todo e do todo para com a unidade, aqui está um ótimo tipo de música para a ilustração em paralelo de tais relações. Os concertos costumam ser estruturados em três partes ou seções musicais: a primeira tocada num andamento rápido; a segunda, num andamento lento; e a terceira, novamente rápido. Há de se destacar, ainda, que existem concertos nos quais encontramos um pequeno grupo de solistas que "dialoga" com um grande grupo orquestral: essa é uma característica típica dos concertos escritos na época barroca, por exemplo.

Nesta segunda parte das atividades propostas, a atenção estará centrada nas músicas tocadas por um único instrumento ou por vários instrumentos em conjunto. Conforme se mostrar a estruturação musical interna ou proposta de cada composição, veremos que as palavras "concerto" ou "recital" (mais antigas) não darão conta plenamente das características peculiares de determinadas formas musicais e, desse modo, teremos outras denominações mais abrangentes, como "prelúdio", "fantasia" ou "sinfonia", por exemplo.

O mais natural seria partir do instrumento solista, e assim foi feito: nas duas primeiras propostas desta parte, o leitor encontrará a manifestação musical valendo-se desde o solo do órgão de tubos sozinho, com sua sonoridade bastante peculiar, até o solo de instrumentos diversos, como a flauta, o violino, a trompa etc., em comunhão com a orquestra. No primeiro caso, trata-se de um instrumento que possibilita ao músico tocar, por exemplo, uma melodia principal e uma harmonia que a acompanhe – isso é possível também em instrumentos como o piano, o violão, o cravo etc. No segundo caso, há uma limitação desse recurso em razão de questões técnicas do projeto do instrumento.

Aprender sobre a música instrumental é algo maravilhoso. Por meio dela você pode perceber, observando os instrumentos desde o modo como são construídos até a maneira como são tocados, como o ser humano evoluiu nessa arte de fazer e de manipular objetos que produzissem sons diversos para além daqueles que tinha em si mesmo. Caso os professores experimentem levar um violão ou um instrumento de percussão à sala de aula para explicar acústica em física, marcenaria, em arte; ou proporções geométricas em matemática, por exemplo, certamente terão uma surpresa com o interesse que tal objeto irá despertar em seus alunos.

ATIVIDADE 23

Área de ampla aplicação
História
Arte

Área de restrita aplicação
Física

Objetivo principal
Em história: estudar fatos históricos ligados às igrejas cristãs.

Em arte: abordar a história da arte por meio das manifestações artísticas presentes nas igrejas.

Em física: estudar mecânica e acústica a partir dos órgãos de tubos.

Nível dos alunos
A partir do 5º ano do ensino fundamental.

Tempo sugerido para o trabalho
Mínimo de 3 aulas

Material
Músicas/intérpretes sugeridos:

1) "Tocata e fuga em ré menor – BWV 538", J. S. Bach – ano da composição: 1736. Walter Kraft – disco (LP) *Mestres da música – Bach*, Abril Cultural – 1983.

2) "Tocata e fuga em ré menor – BWV 565", (idem) – ano da composição: 1709. (idem).

3) "Seis peças", de César Franck – ano da composição: 1862.

4) "Três corais", (idem) – ano da composição: 1890.

5) "Tocata – Opus 208", de J. C. Amaral Vieira – ano da composição: 1986. Iain Quinn – disco (CD) *Amaral Vieira – obras completas para órgão* – Paulus – 1997.

(6) "Suíte – Sete palavras de Cristo na Cruz – Opus 257" (idem) – ano da composição: 1991. (idem).

Desenvolvimento

O órgão é, sem dúvida, um dos instrumentos musicais mais extraordinários que a humanidade criou. Seu timbre é bastante peculiar, suas possibilidades sonoras são tão vastas que dominar a técnica de tocar ou escrever boas composições para esse instrumento poderiam bem ser consideradas outras artes dentro da arte musical; melhor dizendo: a complexidade que envolve um órgão é tamanha (desde a sua construção) que o organista transcende a profissão de músico para ser propriamente um "organista", com toda a bagagem técnica exigida. Tocar um órgão de uma catedral, por exemplo, significa bem mais do que saber manipular um teclado parecido com o de um piano – isso sem desmerecer qualquer pianista, ou músico de outro instrumento; apenas referindo a um instrumento bastante peculiar e dotado de uma gama vastíssima de recursos sonoros.

Inserir, neste livro, referências a músicas escritas para tal instrumento significa também dizer que o professor nunca poderá, por exemplo, levá-lo até seus alunos, para que possam observá-lo em sala de aula, como faria com um violino, uma flauta, um violão etc., nem terá a facilidade de encontrá-lo como encontra instrumentos fabricados em série, como um piano, por exemplo. Nada disso: o órgão é algo quase à parte na família dos instrumentos musicais. Se nossa voz é um "instrumento" tão prático, que levamos conosco a qualquer lugar, cantamos no momento em que quisermos, o órgão está no outro extremo de todas essas vantagens. Então por que razão construí-lo? Os motivos são variados, mas a maioria conflui para um único ponto: sua sonoridade.

Os órgãos geralmente são construídos dentro de igrejas, e é nos espaços da construção onde geralmente encontram-se as condições ideais de reverberação; porém é possível encontrá-los construídos também em grandes salas de concertos. Portanto, nas atividades propostas, o professor poderá apenas apresentar a sonoridade desse instrumento por meio da reprodução de gravações em aparelhos de som, a menos que desenvolva um trabalho mais extenso com seus alunos, viabilizando-lhes a chance de visitar uma igreja ou uma sala de concertos e ouvir a sonoridade de um grande órgão de tubos *in loco*.

É certo que temos poucos locais no Brasil onde encontramos um bom órgão, se compararmos com a Europa, mas eles existem tanto em cidades pequenas como Mariana, em Minas Gerais, como em metrópoles como São Paulo, por exemplo. Seus responsáveis, em geral, costumam manter projetos de programação que permitem aos ouvintes interessados participar de audições do instrumento, o que foge completamente à dependência em que vivemos hoje do fato de a "imagem" sempre estar presente quando qualquer evento musical se realiza, pois, muitas vezes, torna-se impossível avistarmos o organista tocando dentro de uma igreja; ou seja, nossa concentração volta-se completamente para a audição, sem o apelo ao campo visual que tanto a mídia procura promover.

Desde a técnica empregada na construção dos órgãos de tubos até suas articulações mecânicas internas e a sonoridade que produzem podem ser alvo de estudos na área da física. Nesse caso, o ideal seria o professor entrar em contato com o responsável pela manutenção ou operação de um grande órgão e solicitar-lhe uma entrevista com a demonstração do instrumento a seus alunos. Isto é, marcar uma visita ao órgão antecipadamente e depois se locomover com a classe até o local para acompanhar a demonstração.

Quanto aos professores de história e de arte, podem desenvolver uma associação entre todo o período histórico da construção das grandes catedrais e as técnicas artísticas envolvidas em tal processo, além da fixação dos conceitos cristãos e seus reflexos nas artes plásticas, por exemplo, e a história da evolução dos órgãos dentro das catedrais ou igrejas. As músicas indicadas permitem um paralelo entre as potencialidades musicais exploradas nos órgãos na época de Bach, por exemplo, nos séculos XVII e XVIII, e em nossa época, com as obras de compositores contemporâneos. Assim os professores das duas áreas poderão, por exemplo, explicar a respeito da Reforma e da Contrarreforma (o pensamento vigente na época) ou dos estilos gótico e moderno, apresentando exemplos que vão desde catedrais como as de Colônia, na Alemanha, ou Notre Dame e Chartres, na França, até a catedral da Sagrada Família em Barcelona, na Espanha, grande representante das artes e dos pensamentos dos homens da época atual.

Como se nota, o trabalho interdisciplinar entre essas duas áreas sugeridas é muito profícuo em vários aspectos, caso ambas as disciplinas guiem-se pelas músicas compostas para órgão ao longo dos últimos séculos. Temas voltados principalmente para assuntos que envolvam a filosofia de cada época, nas duas áreas, encontrarão um espelhamento fiel nas aplicações que os compositores de cada período fizeram para tal instrumento musical.

Encontramos um exemplo que corrobora tal afirmação e a validade de um trabalho nessa perspectiva nas concisas palavras de Amaral Vieira, autor de uma das obras indicadas acima, extraídas de uma carta que me enviou: o órgão foi "inicialmente utilizado exclusivamente para fins litúrgicos e (...) evoluiu para uma independência de expressão". Ora, se observarmos atentamente, por exemplo, a obra de Gaudi, arquiteto da catedral da Sagrada Família, o que veremos senão o anseio a essa "independência de expressão" a que se referiu Amaral Vieira? É comum enaltecerem a inovação dos artistas catalães como Pablo Picasso, Salvador Dalí e Juan Miró, entre outros, porém, sem desmerecê-los, muitos esquecem que Gaudi foi o artista catalão que realmente abriu o caminho da arte para que outros artistas de sua terra passassem – eis uma boa razão para o professor de arte voltar as atenções de seus alunos não só para os quadros, mas também para a arquitetura feita nos séculos XIX e XX.

Além da história, da arte e da física, é evidente que o ensino de algumas religiões poderá valer-se igualmente das músicas propostas nesta atividade. Caberá ao professor de religião ou teologia, inspirando-se naquilo já apresentado anteriormente, elaborar um projeto para sua aula de modo a associar, por exemplo, o repertório musical para órgãos com a dinâmica das manifestações sacras ao longo dos séculos. Outra forma musical interessante nesse sentido é o oratório, por exemplo.

Claro que, na categoria dos órgãos de música, existem os eletrônicos ou ainda alguns modelos menores que têm um timbre próximo ao do grande órgão. Mas eles, obviamente, além de não se prestarem para as atividades que propus acima, também são muito limitados. Os eletrônicos, por exemplo, quase sempre ganham em praticidade, mas perdem no principal elemento da música: a qualidade sonora. Além disso, ir a um local visitar e ouvir um grande órgão de tubos solicita mais atenção ao ouvinte, entre outras razões pela sua representatividade histórica.

Atividade 24

Área de ampla aplicação
Química

Área de restrita aplicação
Biologia

Objetivo principal
Em química: elucidar as distinções entre os elementos químicos da tabela periódica, os compostos químicos etc.

Em biologia: estudar os elementos componentes das células, organismos etc.

Nível dos alunos
A partir do 8º ano do ensino fundamental (dependendo do conteúdo da disciplina, até mesmo a partir do 2º ano).

Tempo sugerido para o trabalho
No mínimo 2 aulas

Material
Músicas sugeridas:
Concertos de W. A. Mozart para instrumento solista e orquestra. Entre eles:

1) "Concerto para violino nº 3, em sol maior – "Strassburg" – K.216", de Wolfgang Amadeus Mozart – ano da composição: 1775.

2) "Concerto para flauta, em sol maior – K.313", (idem) – ano da composição: 1778.

3) "Concerto para clarinete, em lá maior – K.622", (idem) – ano da composição: 1791.

4) "Concerto para piano nº 21, em dó maior – K.467", (idem) – ano da composição: 1785.

5) "Concerto para trompa, em mi bemol maior – K.447", (idem) – ano da composição: 1784.
6) "Concerto para fagote, em si bemol maior – K.191", (idem) – ano da composição: 1774.

Desenvolvimento

É importante que todo ouvinte conheça aquilo que puder das criações musicais do compositor austríaco Wolfgang Amadeus Mozart (1756-1791), considerado por quase todos um dos gênios mais precoces e talentosos da humanidade. Basta dizer que, com apenas cinco anos, compunha minuetos onde já despontava sua criatividade.

Em diversos trabalhos realizados com as crianças dos primeiros anos do ensino fundamental, pode-se constatar a sua receptividade às músicas compostas por Mozart. As explicações (hipóteses) para tais afinidades entre compositor e ouvintes, em geral, são muitas e não caberia discuti-las aqui.

As atividades que poderiam ser propostas são variadas. Procuramos, então, estabelecer algumas diretrizes que possam incitar os professores das diversas áreas do ensino a refletir e a criar uma atividade adequada a uma aula específica fundamentada nelas. Tais diretrizes terão uma referência em aspectos da química.

A proposta envolve alguns concertos de Mozart para instrumentos diferentes. É importante, neste instante, trabalharmos apenas com um único compositor e uma única forma musical, variando apenas o instrumento solista, pois assim manteremos um padrão que nos permitirá avaliar mais facilmente as distinções que pretendemos abordar.

A atividade proposta concentra-se basicamente nas distinções timbrísticas entre os sons característicos dos instrumentos musicais pelo ouvinte. Portanto o professor deverá apresentar trechos de diferentes concertos a seus alunos onde existam solos do instrumento principal. Dessa forma eles poderão habituar-se às diferenças de sonoridade que existem entre eles.

Na área de química, por exemplo, o professor poderá desenvolver uma atividade na qual compare cada timbre sonoro com um ou mais elementos da tabela periódica. Poderá apenas comparar distinções de timbre sonoro com distinções entre características de cada elemento, ou então, associar o material principal com o qual o instrumento é feito com elementos da tabela, ou seja, poderia explicar o trompete banhado a ouro (Au), por exemplo; a trompa feita de bronze, ou seja, liga que geralmente envolve o cobre (Cu), o estanho (Sn) e o zinco (Zn); uma flauta de osso, onde teria o cálcio (Ca), e ainda o sódio (Na) e/ou o potássio (K); certos instrumentos de percussão, ou então as cordas do piano, onde encontraria o ferro (Fe) ou o aço, liga de ferro (Fe) e carbono (C); a flauta transversal, com o bocal de prata (Ag), instrumentos eletrônicos, com processadores contendo silício (Si).

Para um trabalho desse tipo, o professor poderá, inclusive, estabelecer grupos entre os alunos para que façam uma pesquisa de campo a respeito, isto é, determinar, por exemplo, que cada grupo pesquise um determinado instrumento, estabelecendo contatos com músicos que toquem o instrumento em questão ou com indústrias que o fabriquem, para a obtenção de informações detalhadas sobre o mesmo. Um trabalho dessa envergadura exige um número maior de aulas do que o indicado acima, porém é garantido que será uma experiência na qual os alunos assimilarão bem melhor a distinção existente entre os elementos químicos e as possibilidades de certas combinações entre eles.

O professor de biologia poderá comparar cada timbre e cada instrumento, com sua respectiva função na orquestra, com os elementos que compõem uma célula, por exemplo. Conceitos como a meiose e a mitose poderiam ser comparados às divisões que os compositores estabeleceram para a orquestra sinfônica tradicional, ao longo da história da música. No repertório sinfônico, encontramos variadas composições que exigem formações instrumentais que, por exemplo, dividem, diminuem, ou ampliam a orquestra sinfônica tradicional, para formar grupos que preservam as características da formação original. Da mesma maneira, o professor de matemática poderá comparar cada timbre e o grupo de instrumentos ao qual pertence, com os conceitos da teoria dos conjunto; o professor de geografia, com climas e vegetações da Terra.

Os timbres podem também ser divididos em duas categorias: os provenientes de instrumentos acústicos e os provenientes de instrumentos eletrônicos. Nesse sentido, o professor de química terá, ainda, a possibilidade de duas aproximações entre essa distinção da música com certos conteúdos da matéria que ensina. Primeiro, poderá associar os instrumentos que possuem um som "natural", isto é, acústico e determinado simplesmente por sua forma física e pelo modo de ser tocado, com compostos químicos produzidos pela natureza, como a água (H_2O), o óxido de ferro (Fe_2O_3) e o calcáreo ($CaCO_3$), por exemplo, e os instrumentos que possuem um som eletrônico, isto é, sem procedência de fundo nitidamente acústico, dependente exclusivamente da energia elétrica, com compostos químicos não produzidos pela natureza, mas formados pelo ser humano a partir de reações desenvolvidas e realizadas por ele, como é o caso da borracha, do náilon, do silicone e do plástico, por exemplo.

Num segundo tipo de aproximação entre uma ocorrência estudada pela química e essa distinção entre os instrumentos acústicos e eletrônicos acima mencionados, o professor pode apresentar a seus alunos tais diferenças timbrísticas e compará-las com a distinção entre a reação exotérmica e a reação endotérmica. Um saxofonista, por exemplo, pode tocar um saxofone acústico normal ou um saxofone eletrônico. No primeiro caso, estará liberando mais o calor de seu corpo, visto que usa muita energia para assoprar o instrumento, aquecendo-o inclusive (é por isso que os instrumentistas de uma orquestra, antes de um concerto ter início, fazem toda aquela confusão sonora: eles estão tocando seus instrumentos para aquecê-los, o que entre outras coisas, possibilitará que mantenham uma boa sonoridade e afinação durante a execução da música), enquanto, no segundo caso, estará consumindo energia elétrica para que o instrumento efetivamente funcione e para que o músico não se desgaste tanto. Eis aí um bom paralelo para a explicação da reação exotérmica, que se caracteriza por liberar calor para o meio ambiente, no caso, o calor do corpo do instrumentista e de seu instrumento, e da reação endotérmica, que absorve energia do meio ambiente, no caso, a energia elétrica proveniente de uma hidrelétrica, por exemplo, que faz o instrumento funcionar.

Observação: Os instrumentos acústicos geralmente têm um timbre bastante característico e próprio, enquanto que os instrumentos eletrônicos, pelas possibilidades que a tecnologia eletrônica oferece, podem variar intensamente seu timbre, chegando mesmo a imitar quase que perfeitamente o timbre do instrumento na versão acústica; por essa razão, o professor deve ter atenção quando propomos que se paute nas diferenças timbrísticas para a aplicação de tais procedimentos, ou seja, é fundamental que, nas gravações que utilize em sala de aula, tais diferenças realmente existam. Daí decorre uma longa e interminável discussão entre os profissionais da área musical: alguns músicos acham que o instrumento eletrônico, com base na imitação digital do timbre original do instrumento, veio substituir o acústico, enquanto outros acham que surgiu para ser uma possibilidade timbrística a mais.

Indicamos duas obras, gravadas com orquestras, para as quais foram originariamente escritas, e posteriormente gravadas com sintetizadores, que podem ser de muita utilidade para o desenvolvimento dessas duas últimas propostas apresentadas para a área de química: o "Concerto de Brandemburgo nº 3, em sol maior – BWV 1048", de J. S. Bach, que foi executado em sintetizadores por Wendy Carlos, e a "Bachiana nº 2", de Villa-Lobos, que foi executada em sintetizadores por Egberto Gismonti.

Sugestão

Existe uma infinidade de músicas para instrumentos solistas (entre elas, os concertos) que poderíamos sugerir. Acreditamos, porém, ser mais produtivo o próprio ouvinte interessado ir, pouco a pouco, descobrindo esse vasto repertório.

Como muitas vezes o professor é aquela pessoa que tem a nobre missão de apresentar a outro ser humano, pela primeira vez na vida, algo que, depois, poderá passar a ser um conhecimento importante em sua formação, faremos, aqui, a sugestão de apenas uma música e, apesar da modesta indicação, garantimos que valerá por muitas, pois propiciará um vasto e sólido conhecimento ao ouvinte não iniciado na arte musical quando o professor apresentá-la pela primeira vez a seus alunos.

Em 1945, o compositor britânico Edward Benjamin Britten recebeu a encomenda para compor uma obra orquestral que seria a trilha sonora de um filme intitulado *Os instrumentos da orquestra*. Realizou sua tarefa compondo uma série de variações e uma fuga para orquestra sinfônica a partir de um tema musical criado por outro compositor, Henry Purcell (composição que fez, em 1695, para uma peça intitulada *Abdelazar*).

Britten nomeou sua música da seguinte forma: "Variações e Fuga sobre um Tema de Purcell – Opus 34", porém logo se tornou conhecida como "Guia Orquestral" ou "Guia dos Jovens para a Orquestra", visto que a obra é muito didática no sentido de apresentar ao ouvinte os diversos instrumentos musicais que constituem uma orquestra sinfônica tradicional. Isso é feito com a interferência de um narrador que explica ao ouvinte o instrumento cuja sonoridade escutará a seguir. Para tanto, cada grupo de instrumentos, ou cada instrumento solista, executa sempre o mesmo tema musical de Purcell, que inspirou toda a composição, ou ainda variações melódicas a partir dele. Assim o ouvinte pode conhecer a orquestra em detalhes e, depois, no instante final da música, quando a fuga é executada, conhecer as resultantes sonoras de todo o conjunto de instrumentos.

O tema de Purcell é apresentado por toda orquestra e, depois, por quatro grupos de instrumentos: os de madeira, os de metal, os de corda e os de percussão. A seguir, toda orquestra toca novamente o tema e, então, dentro de quatro grandes momentos de variações sobre o tema, vinte categorias de instrumentos, uma a uma, são apresentadas nesta ordem: (1) flautim (piccolo); (2) oboé; (3) clarinete; (4) fagotes, (5) violinos; (6) violas; (7) violoncelos; (8) contrabaixos; (9) harpa; (10) trompas; (11) trompetes; (12) trombone e tuba; (13) tímpano; (14) caixa (tamburo) e pratos; (15) pandeiro (tamburino) e triângulo; (16) outra caixa (tamburo) e o "grupo chinês"; (17) xilofone; (18) castanholas e gongo; (19) chicote e (20) toda percussão junta.

O final da música é marcado pela fuga, agitada e divertida, com todos os instrumentos entrando nessa mesma ordem. Para encerrar, os instrumentos de metal tocam, com destaque, o tema de Purcell, enquanto o restante da orquestra os acompanha, desenvolvendo a fuga de Britten – é uma sonoridade, que mostra todo o potencial sonoro da união dos instrumentos numa orquestra sinfônica.

Existe um disco, intitulado *A vida dos instrumentos musicais*, com uma ótima gravação realizada pela Orquestra Filarmônica de Nova York, sob a regência de Leonard Berstein, cujo narrador, Paulo Santos, explica a respeito dos instrumentos musicais falando no nosso idioma, porém é difícil encontrá-lo nas lojas especializadas. Os discos importados que contenham essa música ("The Young Person's Guide to the Orchestra") são mais fáceis de achar, mas, se você pretende comprar algum deles, lembre-se desse detalhe com relação à língua em que é feita a narração. Outra peculiaridade (menos comum) é que nem todas as gravações dessa música em disco contam com a presença do narrador; verifique sempre a esse respeito na capa do disco.

A sinfonia (e a sonata)

Essa é uma das formas musicais mais proeminentes na história da música, refletindo, desde o século XVIII até hoje, quase todos os aspectos estéticos da arte musical. Sua origem está nos moldes da abertura italiana, do concerto grosso e do trio-sonata, sendo que sua estrutura elementar foi consolidada principalmente pelo compositor Joseph Haydn e, em parte, por W. Amadeus Mozart, após o que tivemos diversas experimentações por parte de compositores posteriores a eles, porém a estrutura principal sempre foi mantida.

A sinfonia é, por excelência, uma música composta para orquestra e se fundamenta, principalmente, na estrutura da sonata, ou seja, integram-na três ou quatro partes musicais, chamadas de "movimentos", sendo que a sua velocidade de execução é uma das características mais marcantes na distinção entre elas. Tradicionalmente, o primeiro movimento é rápido, o segundo é lento e o último rápido novamente. É bastante comum os compositores inserirem mais uma parte entre o segundo movimento e o movimento final. Esse "terceiro movimento" seria composto de um minueto ou um *scherzo* e um trio. O tempo total de duração pode ser curto ou longo, porém a divisão entre os movimentos é muito nítida ao ouvinte, pois as características sonoras mudam completamente de um para outro – é comum as pessoas que desconhecem o fato de a sinfonia ser composta por várias partes, quando assistem a uma apresentação de tal tipo de música, crerem que acabou de ser executada quando a orquestra para de tocar por um instante entre um movimento e outro.

Cada movimento é, de certo modo, bastante independente dos demais em sua estrutura e temas musicais internos, sendo que, geralmente, o primeiro e o último são quase sempre os que mais despertam a curiosidade e atenção dos ouvintes – tanto que é comum encontrarmos gravações em discos onde figure apenas um dos movimentos de uma determinada sinfonia, e não a sinfonia completa; portanto, esteja atento a isso no momento de adquirir um CD, por exemplo. O mesmo se dá com relação às aberturas ou árias de uma ópera etc.

Nos séculos XIX e XX, existiram compositores que associaram suas sinfonias a programas, sugerindo ao ouvinte um roteiro com um tema ou uma história escrita, para que acompanhasse a evolução das sonoridades compostas. O exemplo mais claro disso são as sinfonias de Berlioz. Por outro lado, compositores como Schubert, por exemplo, preferiram compor seguindo preceitos mais conservadores nesse aspecto. Mahler envolveu muitos músicos (cantores inclusive) em suas sinfonias, alcançando grande força orquestral. Brahms inovou nas técnicas internas da composição. Tchaikovski criou combinações orquestrais com aspectos dramáticos, tal qual Berlioz. Enfim, as sinfonias foram retratando as mudanças que ocorriam no mundo, nas sociedades. Das sinfonias de Haydn às criadas por Igor Stravinski vai uma longa história de propostas, tendências, experimentações etc., isso como reflexo do espírito dos músicos românticos do século XIX que, como bons alunos, tentavam superar um grande mestre na arte de compor músicas para orquestras dentro da estrutura da sinfonia. Quem era ele? Ludwig van Beethoven.

Atividade 25

Área de ampla aplicação
História

Área de restrita aplicação
Geografia

Objetivo principal
Em história: estudar os movimentos revolucionários europeus dos séculos XVIII e XIX por meio das manifestações artísticas presentes nas composições de Ludwig van Beethoven.

Em geografia: estudar as condições ambientais e do homem no campo em contraste com o ambiente e a vida do homem urbano.

Nível dos alunos
A partir do 9º ano do ensino fundamental.

Tempo sugerido para o trabalho
3 ou mais aulas

Material
Músicas sugeridas:
1) *Sinfonia nº 3, "Heroica", em mi bemol maior, Opus 55*, de Ludwig van Beethoven – ano da composição: 1805.

2) *Sinfonia nº 5, em dó menor, Opus 67*, de Ludwig van Beethoven – ano da composição: 1807.

3) *Sinfonia nº 6, "Pastoral", em fá maior, Opus 68*, de Ludwig van Beethoven – ano da composição: 1808.

Desenvolvimento
Beethoven foi um dos maiores gênios da música e um grande pensador a respeito da época em que viveu e também sobre a figura do homem no mundo. Nasceu e viveu parte de

sua vida na Alemanha, numa época de profundas transformações na Europa, dentre as quais merecem maior destaque, sem dúvida, aquelas cuja gênese está na Revolução Francesa – esta se iniciou em 1789 e Beethoven nasceu em 1770.

Além das perturbações naturais que a época e seus acontecimentos traziam a qualquer homem da sociedade europeia na expectativa de perda com a morte, na expectativa de ganho, com a libertação – o compositor, de grande sensibilidade, ainda somou a isso uma expectativa pessoal com relação à sua saúde naquilo que dizia respeito diretamente à profissão de músico: a progressiva perda de sua audição. Até hoje persiste o mito do homem que compôs músicas tão maravilhosas e cheias de vida, como é o caso de sua sinfonia de número nove, estando já completamente surdo.

O professor de história pode utilizar as três sinfonias de Beethoven acima relacionadas, seguindo a ordem cronológica de suas composições. As alternativas de utilização dessas sinfonias são muitas, mas, para não nos estendermos demasiado, vamos nos ater a uma proposta que as envolva e que servirá de base para outros projetos do professor. Serão abordadas as sinfonias 3, 5 e 6, de 1805, 1807 e 1808, respectivamente, ficando como sugestão para o alongamento do trabalho proposto a *Sinfonia nº 7* do mesmo compositor.

Como se nota, os primeiros anos do século XIX foram muito produtivos para Beethoven, porém essas obras que ele concluiu nesse curto período vinham sendo preparadas alguns anos antes, num desenvolvimento até mesmo paralelo de ideias musicais fundamentadas nas reflexões profundas do compositor sobre a vida e as pessoas da Europa da época.

Seus pensamentos levaram-no a tal profundidade que ele acabou chegando à gênese do problema e, assim, atingiu o ponto de reflexões mais humanísticas, onde questionava, por exemplo, não mais apenas as relações dos homens entre si ou entre os homens e seus atos, num pensamento com raízes no presente histórico turbulento em que vivia, mas também as relações do homem com seu passado, com seu futuro e, obviamente, com a natureza. Ao atingir tal estágio reflexivo, Beethoven impregnou sua música com uma universalidade de conteúdo que transcendia a universalidade que a própria linguagem musical já possuía, e isso permitiu-lhe realmente como que "falar através dos sons" aquilo que gostaria de declarar ao mundo todo. E o mundo todo o compreendeu: inicialmente não muito bem, achando-o, eventualmente, violento e até exagerado, mas posteriormente suas músicas foram sendo assimiladas, tocadas e apreciadas nos mais diversos países do mundo. Portanto, estudar as propostas de Beethoven nessas três sinfonias é também estudar filosofia e, desse modo, situacionalizar as razões pessoais e sociais que o levaram a pensar da forma como pensou.

A terceira sinfonia já foi nomeada pelas pessoas que a ouviram como a expressão do heroísmo revolucionário, enquanto a quinta sinfonia, como a expressão da vitória de um homem contra o seu destino, e a sexta sinfonia, talvez a mais branda do compositor, como a expressão da reconciliação do homem com a natureza.

Como se percebe, os reflexos dessas nomeações muito bem fundamentadas incidem, diretamente, em aspectos da história a partir do ponto de vista de um homem comum questionando verdades e valores de sua época; nesse sentido é que Beethoven é considerado por muitos um dos precursores do Romantismo. Por isso é preciso compreender Beethoven na história e não apenas como um homem da história. O professor não deve esquecer que a obra do grande artista sempre é um retrato de sua época, e o apontamento para os caminhos futuros.

A *Sinfonia nº 3*, denominada pelo próprio compositor como "Heroica", teve uma história interessante ligada diretamente à figura de Napoleão Bonaparte e, assim, o professor de história poderá utilizá-la (e sua história também) para as explicações sobre o general francês, suas realizações e as reações populares e intelectuais à sua figura.

Resumidamente, a história dessa sinfonia é a seguinte: Beethoven, no início do século XIX, residia em Viena, na Áustria, e já despontava como um promissor compositor. Em muitas cidades europeias de países próximos à França, a agitação era grande em consequência da Revolução Francesa e os rumos que esta ia tomando; Viena não fugia à regra. O culto à figura do jovem general francês Napoleão Bonaparte como "libertador dos povos" também crescia nessas cidades, e Beethoven, um questionador sobre a finalidade dos reis, etc., igualmente não deixou de admirá-lo.

O embaixador francês em Viena era um aficionado por música e, desse modo, não tardou a ocorrer um encontro entre ele e Beethoven, sendo que, nessa ocasião, sugeriu ao compositor escrever uma sinfonia sobre o herói da nova França. O compositor não abraçou a ideia de imediato, porém a semente estava lançada e ele passou a acompanhar, com grande interesse, as informações sobre as realizações de Bonaparte, cada vez admirando-se mais do líder francês, até que, em 1803, traça um esboço de uma música em honra ao general, intitulada *Sinfonia Bonaparte*.

Em 1804, soube por um de seus alunos que Napoleão se autodeclarava "Imperador da França", e isso lhe provocou grande decepção e ira contra um homem que, até então, admirava como defensor dos direitos das pessoas. Consta que sua irritação chegou a tal ponto que rasgou a primeira página dessa partitura que escrevia e declarou, gritando, que Bonaparte não passava de um grosseiro mortal, afirmando, ainda, que ele também pisaria os direitos humanos sob seus pés, satisfaria somente suas ambições e elevar-se-ia acima dos demais, tornando-se um tirano.

Pelo teor de suas declarações, podemos verificar a visão de mundo e dos homens que Beethoven tinha, o pensador que era. Porém, apesar de abandonar o mote da obra, não abandonou a obra em si, pelo contrário, desenvolveu a antiga *Sinfonia Bonaparte* e, talvez ainda acreditando em certos valores que admirava no general francês, rebatizou-a com o nome de *Sinfonia escrita sobre Napoleão*. Ocorre que, quando terminou de escrever, enviou-a para publicação na Alemanha junto com outras obras, em duas ocasiões, e os editores de seu país natal remeteram-na de volta nas duas vezes. Acabou por publicar sua terceira sinfonia em outubro de 1806, em Viena mesmo, por meio de editores austríacos, porém sua decepção com Bonaparte aumentara e ele, mais uma vez, rebatizou a obra, dando-lhe, desta vez, um título irônico em relação à fonte de onde brotou o motivo da sinfonia: *Sinfonia heroica, composta para celebrar a memória de um grande homem*, ou seja, a sinfonia não consagrava um herói imaginado, mas sim comemorava antecipadamente sua morte – Napoleão ainda não havia morrido de fato, mas Beethoven já o considerava ultrapassado.

Os movimentos mais interessantes dessa sinfonia para o professor de história utilizar em suas aulas, caso não tenha condições de apresentar a obra integralmente, talvez sejam o primeiro, por seu alto impacto no ouvinte, e o segundo, uma solene marcha fúnebre, originalmente planejada pelo compositor em honra aos soldados franceses que morreram em combate.

No caso da *Sinfonia nº 5*, a expressão da vitória de um homem contra seu destino vem bem a calhar, pois, na época, Beethoven tornara-se, paulatinamente, um homem introspectivo, que evitava inclusive o contato social, tudo em razão de sua debilidade auditiva, então constatada pelo compositor como incurável e progressiva.

Em 1812, quando concluiu a *Sinfonia nº 7*, faltava pouco para que Beethoven ficasse completamente surdo, mas tal infelicidade não significou seu abandono da carreira de músico, muito menos a estagnação em sua arte de compor; pelo contrário, chegou à inovadora e maravilhosa *Sinfonia nº 9* e com ela preparou o caminho para muitos grandes compositores que vieram a seguir na história da música. Portanto a quinta sinfonia de Beethoven como que retrata a sua postura como homem perante aquilo que de mais doloroso o destino reservou para sua vida. Essa é a qualidade principal que subjaz a essa obra, como exemplo para a humanidade daquele que opta por vencer e não por desistir e tomar outro caminho. No mais, há muito folclore sobre a origem da instigante frase musical que inicia o primeiro movimento e vigora nele com o status de primeiro tema, e que também assedia os demais movimentos de toda a sinfonia. São as quatro notas musicais iniciais, tocadas na intensidade "fortíssimo", intituladas "o apelo do destino", que a todo instante se mostram presentes e sendo dominadas, como que numa tendência constante a fugir do controle.

Quanto à *Sinfonia nº 6*, conhecida como "pastoral", trata-se de uma das sinfonias de maior particularidade dentre aquelas compostas por Beethoven. Nela, o compositor retrata seus pensamentos sobre as relações mais primárias entre o homem e a natureza, buscando, explicitamente, a reconciliação ou a comunhão entre ambos, ao invés de enaltecer o heroísmo ou a vitória humanos, ou seja, é como o relaxamento após a batalha e o triunfo, um instante em que o homem encontra-se consigo mesmo e com suas origens, para iniciar uma nova vida, ou a reconstrução da vida.

Na época em que o compositor escreveu essa sinfonia, passava por perturbações profundas e produzia muito. Num determinado momento, abandonou temporariamente a cidade de Viena e voltou suas atenções para o campo e o modo de vida rural, mais bucólico e saudável, e, a partir da sua observação, colocou em prática o projeto, que já alimentava há alguns anos, de compor uma sinfonia inspirada nesse outro ambiente.

Assim o professor de história poderá abordar, num paralelismo com tais sinfonias, os movimentos revolucionários europeus dos séculos XVIII e XIX, mostrando desde o início da Revolução Francesa, passando pela era napoleônica e pelas batalhas e conquistas até atingir o arrefecimento do ímpeto revolucionário e a retomada, com o retorno às raízes, para a reconstrução daquilo que foi destruído durante as guerras, para a reorganização das relações humanas.

As sinfonias 3, 5 e 6 foram escritas no momento dessas transformações históricas mundiais e das transformações na saúde do homem Beethoven, que refletiram nas suas atitudes e na maneira de observar-se como ser humano e de observar o mundo a sua volta, e, desse modo, fornecem uma gama imensa de possibilidades para o desenvolvimento de atividades em sala de aula – note que disciplinas como a biologia, a filosofia, a psicologia, a medicina, entre outras, poderão, igualmente, em maior ou menor grau, explorar tais sinfonias e a vida e o pensamento de seu compositor segundo temas específicos de cada área.

Ao professor de geografia interessa mais a *Sinfonia nº 6*, porém é possível trabalhar essa sinfonia em confronto com outras sinfonias de Beethoven, como exemplo da expressividade artística inspirada no ambiente rural em oposição àquelas inspiradas no ambiente urbano. A serenidade das melodias da "Pastoral" claramente contrasta com a agitação das melodias da quinta sinfonia, donde pode-se auferir uma analogia ao estado de espírito do ser humano no campo ou na cidade, respectivamente – ideal para o estudo das diferenças entre as produções agrícolas e industriais.

Independentemente desse confronto entre as obras musicais, com a *Sinfonia nº 6* o professor poderá abordar apenas aspectos relacionados ao homem do campo: a cada um dos cinco movimentos que formam a obra, Beethoven deu um título diferente, e eles servem de orientação ao professor sobre como utilizar a sinfonia toda, ou parte dela, em suas aulas, por exemplo, estudo das condições ambientais, ou das condições do homem no campo. Os cinco movimentos são: (1) "Despertar de sentimentos alegres à chegada ao campo", (2) "Cena à beira do riacho", (3) "Alegre reunião de camponeses", (4) "Trovoada, tempestade" e (5) "Canto dos pastores. Sentimentos de contentamento e de reconhecimento após a tempestade".

O procedimento na proposta de trabalho aos alunos poderá variar. Suponha que ele concentre-se nas condições ambientais e seus reflexos na vida do homem do campo. Então o professor poderá fazer uso do quarto e do quinto movimentos dessa sinfonia, apresentando, antes da audição de cada um deles, a informação teórica referente a aspectos estudados, por exemplo, pela meteorologia e, a seguir, as consequências das águas das chuvas da tempestade no desenvolvimento da agricultura e dos pastos para a boa atividade pecuária.

Sugestão

Entre outras sinfonias que podem ser bastante úteis para os professores das mais variadas áreas, indico: *Sinfonia nº 101, em ré maior* ("O relógio") e *Sinfonia nº 104, em ré maior* ("Londres"), entre outras, de Joseph Haydn, *Sinfonia nº 38, em ré maior – K.504, Sinfonia nº 39, em mi bemol maior – K.543, Sinfonia nº 40, em sol menor – K.550* e *Sinfonia nº 41 ("Júpiter"), em dó maior – K.551*, entre outras, de Wolfgang Amadeus Mozart, *Sinfonia nº 1, em ré maior* ("Titã"), entre outras, de Gustav Mahler; *Sinfonia nº 2, em ré maior, Opus 73*, entre outras, de Johannes Brahms; *Sinfonia nº 4, em mi bemol maior* ("Romântica"), de Anton Bruckner; *Sinfonia nº 9, em dó maior* ("A grande"), de Franz Schubert, *Sinfonia Fantástica, Opus 14*, de Hector Berlioz; *Sinfonia nº 9, em mi menor* ("Do novo mundo"), Opus 95, de Antonín Dvorák. Com relação aos compositores brasileiros, aconselho as sinfonias escritas por Alberto Nepomuceno, Camargo Guarnieri e Cláudio Santoro, entre outros.

Caso o professor de história disponha de mais tempo para a apresentação de músicas a seus alunos, poderá ampliar o número de audições nos estudos sobre Napoleão Bonaparte, por exemplo, apresentando-lhes as obras "Marselhesa", de Rouget de l'Isle, hino da Revolução Francesa, antes da "Sinfonia nº 3", de Beethoven, e encerrar a atividade com a audição da "Abertura 1812 – opus 49", de Tchaikovski, composta em 1882 para as comemorações dos setenta anos da retirada do exército de Napoleão do território russo – nessa última música temos, por exemplo, a citação de temas melódicos dos hinos nacionais da França ("Marselhesa") e da Rússia representando os exércitos dos dois países.

Caso o assunto em geografia, ainda no sentido do homem do campo, relacione-se às estações do ano, indico: *As quatro estações*, de A. Vivaldi; *A sagração da primavera*, de Igor Stravinsky, *Murmúrios da primavera*, de C. Sinding; *O passeio de trenó*, de Leopold Mozart; *Vozes da primavera*, de Johann Strauss Jr. e *Sonho de uma noite de verão*, de F. Mendelssohn.

O poema sinfônico

Assim como a sinfonia, o poema sinfônico também é uma forma musical voltada para a orquestra sinfônica, porém se distingue da primeira, entre outras coisas, pelo fato de apresentar geralmente apenas um único movimento, que segue a mesma estrutura interna encontrada nos primeiros movimentos das sinfonias.

A primeira ocorrência de tal designação em música foi em 1854, associada a uma obra de F. Liszt e, a partir disso, passou a indicar também que a peça composta era fundamentada em uma outra fonte artística, daí também uma das razões para a denominação de "poema". Nesse sentido, percebemos que as músicas compostas nessa forma interessam-nos diretamente neste livro, haja vista que trazem essa característica de estarem inspiradas e/ou ligadas a outras obras de cunho não musicais. E isso envolve desde obras literárias, como pictóricas, teatrais etc. Portanto, os poemas sinfônicos permitem variado aproveitamento em diversas disciplinas na escola e possibilitam ainda ao professor, caso se interesse por esse assunto, abordar questões como a intertextualidade com excelentes exemplos de uma obra (um texto – não apenas verbal necessariamente) "gerando" outras sucessivamente.

ATIVIDADE 26

Área de ampla aplicação
 História
 Literatura

Área de restrita aplicação
 Filosofia
 Arte

Objetivo principal
 Em história: estudar o processo revolucionário, tomando como exemplo a Revolução Russa.
 Em literatura: (1) estudar alguns textos de Nietzsche; (2) analisar aproximações entre a estrutura dos textos poéticos e da estrutura dos poemas sinfônicos.
 Em filosofia: analisar alguns textos de Nietzsche.
 Em arte: realizar atividades diversificadas a partir da expressividade sonora e da temática relacionada à figura de Zaratustra presentes na música.

Nível dos alunos
 A partir do 3º ano do ensino médio.

Tempo sugerido para o trabalho
 2 aulas

Material:
 Música sugerida:
 1) *Assim falou Zaratustra – poema sinfônico – Opus 30*, de Richard Strauss – ano da composição: 1896.

Desenvolvimento:
 No aspecto da história, qualquer evento que seja precedido por quatro causas distintas e que tenha, como consequência final, a

libertação de algum povo, passando no percurso da opressão à liberdade por três momentos revolucionários ou de agitação sucessivos, poderá ser associado à estrutura da primeira parte de *Assim falou Zaratustra* de Richard Strauss e, portanto, essa música servirá ao professor dessa disciplina para ilustrar, sonoramente, o fato. Tomaremos, como exemplo aqui, a Revolução Russa, mas a aplicação dessa música, como afirmado, não se limita exclusivamente a ela.

Por que a Revolução Russa? Primeiro, porque seus dados históricos permitem a aproximação com a estrutura da peça musical; segundo, por ser um acontecimento duma época bem próxima à da composição da peça e, terceiro, pela razão de ela ser fundamentada num texto do filósofo alemão Nietzsche: *Also sprach Zaratustra*, o que possibilita, paralelamente, sob a ótica dos escritos que inspiraram Strauss, analisar os pensamentos de um homem avesso ao socialismo, mas que, em *Vontade e Potência*, por exemplo, aconselha os operários a reagirem com bravura. Ou seja, a união dessa música com esse fato histórico favorece uma ampla discussão em sala de aula que abranja desde o ponto de vista favorável até o ponto de vista contrário aos ideais da Revolução Russa. Permite, ainda, um profícuo trabalho interdisciplinar, caso seja essa a intenção dos professores de áreas como história, filosofia, literatura, arte e geografia.

Essa música de Richard Strauss foi, como já destacado, composta a partir de um texto de Nietzsche, com o mesmo título e configura-se dividida em oito partes, nas quais o compositor tenta descrever características particulares e as realizações da humanidade.

A parte que nos interessa para o trabalho é a primeira, pois nela, Strauss apresenta um tema musical simples e de forte presença, o que causa um impacto intenso na maioria dos ouvintes. A primeira frase fica a cargo de um trompete, numa textura em que seu som metálico brilha. Ela é composta por três notas musicais numa sequência ascendente, isto é, que vai do som mais grave para o som mais agudo. A seguir, um numeroso grupo de instrumentos da orquestra participa com uma nota curta e outra mais longa e forte que, de certa forma, confirma a nota curta. A sonoridade da orquestra vai, pouco a pouco, diminuindo sua intensidade, fato que abre espaço para o som forte e bem marcado do tímpano. Quando o som desse instrumento enfim cessa, retorna o trompete com as mesmas notas e repete a frase inicial. A sequência é semelhante.

Em suma, podemos verificar que a frase musical é apresentada uma vez e repetida mais duas vezes. Após a terceira ocorrência da primeira frase, a orquestra confirma sua força e presença, tocando, principalmente com os violinos, a segunda frase dessa primeira parte, que se encerra enfraquecida novamente, abrindo espaço para o som cheio de um órgão de tubos que conclui essa seção.

A identificação das melodias dos instrumentos mencionados acima é bastante fácil quando se ouve música. Esse detalhe, somados à intensidade com que os instrumentos tocam, vêm diretamente ao encontro da proposta deste livro. Perceba o professor de história que poderá apresentar as explicações sobre a Revolução Russa, e depois ilustrar o fato para os alunos com a audição dessa primeira parte de *Assim falou Zaratustra*, fazendo as associações necessárias entre os detalhes do fato histórico e a divisão interna das frases musicais, os instrumentos que as tocam, a intensidade com que as tocam e o momento em que a sua sonoridade aparece. Vejamos como fazer isso.

Existem quatro antecedentes da Revolução Russa que poderíamos destacar: (1) no início do século XX, a Rússia ainda se encontrava num regime semifeudal; (2) a produção passou da manufatura para a grande indústria de equipamentos modernos sem que, estruturalmente, o país estivesse preparado para isso; (3) socialmente o país era caracterizado pela desigualdade e imobilidade; (4) ocorriam, no país, agitações políticas, e a liderança intelectual alimentava ideias revolucionárias vindas do Ocidente.

Ora, na música, temos, na primeira frase, três notas musicais ascendentes que conduzem à eclosão com toda a orquestra, como se fossem os três primeiros antecedentes listados acima que vinham se somando com o passar do tempo, levando a um momento de tensão extrema quando eclodiria a Revolução de Fevereiro. O quarto antecedente envolve os agitadores políticos e intelectuais, que seriam os líderes que dominam a situação após a revolta, ou seja, desempenhariam um papel semelhante à orquestra quando toca uma curta quarta nota e, a seguir, ataca um som forte e duradouro, a cargo principalmente dos violinos.

Porém a Revolução de Fevereiro não instaurou, definitivamente, as mudanças que a maioria queria, assim o processo revolucionário continua atuante. Na música, retorna o trompete com sua frase pela segunda vez, mantendo viva a chama que o moveu no primeiro instante. Novamente o ápice é atingido com a orquestra: tal qual a Revolução de Outubro, o segundo momento no processo revolucionário russo. Na música soará a frase do trompete pela terceira vez, e a orquestra tornará a eclodir em imensa massa sonora, só que nesta terceira ocasião realmente será firmada sua presença, estabelecendo-se, no conjunto, a segunda frase da música, dominada pelos violinos, que, anteriormente, tocando com o apoio sonoro do trompete, tinham sido abafados pelo tímpano, tal qual um repressor às suas forças. É o clímax dessa primeira parte da música, a instauração definitiva de uma outra melodia.

No caso do processo revolucionário, seria como a fase final, de consolidação do regime, com os líderes e intelectuais não enfrentando mais as reações adversas repressoras, mas focos de rebeldia, como atentados terroristas, insurreições isoladas etc., que, pouco a pouco, perdem suas forças. A melodia da segunda frase (poderíamos dizer segunda fase, talvez, da política russa no início do século xx) é forte, mas doce, expressa como que o êxtase da realização de algo que se sonhou, ou seja, reflete bem a conquista e a serenidade após o processo revolucionário, após os instantes tempestuosos. O órgão surge como representante de um estágio superior, como a sensação de satisfação da alma que passou por provações, para atingir um estado melhor do que aquele em que se encontrava antes.

O professor de história pode ainda fazer uma aplicação dessa mesma música ao mesmo assunto de maneira mais simples: utilizando o timbre de cada instrumento musical como representante de um grupo dentre os envolvidos no processo revolucionário. O trompete pode representar o proletariado; os violinos, os líderes; o tímpano, os contrarrevolucionários e assim por diante. Nesse caso, é importante destacar que o trompete é um instrumento da família dos metais na orquestra e que, no princípio, toca notas ascendentes, levando seu som para um plano mais agudo, de maior destaque no conjunto, e, na parte final, durante o que chamamos de "consolidação do regime", os instrumentos da família dos metais surgem em conjunto, com algum destaque, tocando um subtema onde figuram notas numa sequência descendente, indo para o som grave, até que a sonoridade do grupo se dilua novamente na obscuridade da massa sonora orquestral. Seria um espelhamento daquilo que acontece com a maioria do povo mais pobre e carente em quase todos os processos revolucionários da história.

A aplicação dessa obra musical nas aulas de literatura ou filosofia pode remeter, como já comentado, aos escritos de Nietzsche, por exemplo. Esse filósofo foi amigo pessoal de outro grande compositor: Richard Wagner, porém, com o passar dos anos, suas ideias divergiram bastante das defendidas pelo músico.

As aproximações que o professor de literatura pode fazer entre sua disciplina e a música são numerosas. Note, no caso dessa música de Strauss, que se trata de um poema sinfônico, sendo esse primeiro termo emprestado obviamente da área literária para a área musical. As características dessa forma estão descritas acima e, por meio delas, o professor poderá desenvolver paralelismos, apresentando essa música de Strauss como um exemplo, ou ainda obras musicais como *Os Prelúdios* de Liszt e outras de compositores como Smetana, Cesar Frank ou Saint-Saëns.

Como a sonoridade de *Assim falou Zaratustra* é bastante diversificada, o professor de arte poderá utilizar essa música para propor diversas atividades, desde aquelas baseadas na sonoridade apenas, até as fundamentadas no caráter profético da figura de Zaratustra.

O prelúdio

Em sua origem, encontramos essa forma musical instrumental atrelada a fugas, suítes etc., como peça introdutória às mesmas – como peça que "aquecia" e "preparava" o ouvinte para a audição do que viria a seguir. Isso conferiu ao prelúdio grande liberdade formal interna, com possibilidades de improvisações inclusive por parte do(s) instrumentista(s) – era algo mais "leve" e menos rígido estruturalmente que uma fuga, por exemplo, que o seguia.

Essas características de deliberações próprias e ousadias continuaram presentes no prelúdio com o passar dos séculos e atraíram a atenção especialmente de certos compositores dos séculos XIX e XX, que aplicaram sua estrutura como forma independente, ou seja, o prelúdio passou a sustentar-se por si mesmo, sem precisar necessariamente ser a introdução para outras músicas.

Ao ouvir o prelúdio para orquestra indicado a seguir, o leitor irá perceber tal liberdade formal, se compará-lo com outras peças musicais já indicadas no livro, como as sinfonias de Beethoven, por exemplo, isto é, perceberá que os temas melódicos, por exemplo, são mais volúveis e propensos a alterações e a participações em novas propostas musicais, sendo que o eixo de sustentação da peça musical pode ser outro, que não necessariamente o tema, e mais: pode mesmo passar despercebido em razão de o compositor colocá-lo em segundo ou terceiro plano no conjunto sonoro.

ATIVIDADE 27

Área de ampla aplicação
Arte
Literatura

Objetivo principal
Em arte: estudar o Impressionismo.
Em literatura: estudar a poesia de Mallarmé e as características culturais do final do século XIX.

Nível dos alunos
A partir do 2º ano do ensino médio.

Tempo sugerido para o trabalho
3 aulas

Material
Música sugerida:
1) "Prelúdio para a tarde de um fauno", de Claude Debussy – ano da composição: 1892-1894.

Desenvolvimento
Poucos movimentos musicais talvez tenham se ajustado tão bem aos movimentos artísticos ocorridos em sua mesma época como o Impressionismo. Debussy é considerado, por excelência, o maior expoente desse movimento no que tange à música. Seu estilo composicional teve essa denominação por analogia com o estilo de pintura praticado então por pintores como Monet e Renoir, entre outros.

Na história da música, o "Prelúdio para a tarde de um fauno", de Debussy, é a obra considerada marco inicial do movimento impressionista, que teve seguidores como M. Ravel, P. Dukas etc. e, desse modo, mas não apenas por essa razão, trata-se de uma ótima peça musical para ser utilizada como elemento de aproximação entre a arte plástica e a música.

Debussy, inspirado na música oriental e nas escalas utilizadas na música da Grécia antiga, entre outras coisas, elaborou seu prelúdio a partir de escalas musicais de tons inteiros. Tal proposta rompeu com uma série de regras composicionais vigentes até então, assim como aconteceu no caso do impressionismo na arte em geral.

Na composição de Debussy, as tensões sonoras, por exemplo, não são necessariamente resolvidas, os sons acabam sobrepondo-se uns aos outros, propiciando uma atmosfera instável, mas ao mesmo tempo muito envolvente, que conduz o ouvinte, constantemente, a novas sensações.

Porém, é importante que o professor perceba – e transmita isso aos seus alunos – que existe um tema musical que praticamente se torna o sustentáculo da obra. Ele é apresentado logo no início do prelúdio, com um solo de flauta, ao qual seguem a sonoridade de uma harpa, bem característica nessa música, e também uma harmonia resultante da combinação entre oboés, clarinetes, trompas etc. Caso o professor compare tal música com uma marcha qualquer, por exemplo, perceberá o contraste que existe em termos de marcação rígida e pulsação mais nítida: as três frases que formam esse tema inicial executado pela flauta são fluidas, com um ritmo bastante variado e elástico. O próprio compositor declara, explicitamente, no início da partitura: *Molto Moderato*, ou seja, solicita um andamento com bastante moderação no prelúdio. Além disso, escreve ao flautista que execute essa melodia principal de modo doce e expressivo.

Existem muitas atividades que poderiam ser realizadas numa aula de arte a partir dessa música. Sumariamente, indicaremos algumas dessas possibilidades:

(1) Após explicar o Impressionismo, coloque a música de Debussy como fundo e desenvolva o trabalho plástico proposto.

(2) Antes de explicar o Impressionismo, faça um trabalho de relaxamento com os alunos e canalize suas atenções para a sonoridade da música. Esse é um trabalho com excelentes resultados, porém é preciso ter pleno domínio do comportamento da

classe com a qual se está trabalhando. Você pode, por exemplo, apagar as luzes, deixar a classe na penumbra e pedir aos alunos que fechem seus olhos e simplesmente relaxem e atentem seus ouvidos para a melodia que escutarão. Então ligue o aparelho de som. É evidente que a novidade da proposta gerará expectativas e disso decorrerá algum pouco caso, ou risos simplesmente. Não se preocupe, é assim mesmo. A maioria das pessoas não está habituada a parar para ouvir, ainda mais uma música de qualidade como essa. Pare, peça silêncio e concentração, e retorne ao começo quantas vezes forem necessárias – é até bom, pois o tema da flauta vai sendo fixado na mente dos alunos a cada retorno, e isso auxilia na sua identificação quando volta a ocorrer mais adiante na música.

Após terem escutado a obra integralmente, ou parte dela, proponha um trabalho de criação livre a partir das sensações que tiveram com a audição do prelúdio. Depois, na aula seguinte, explique o Impressionismo e a composição de Debussy, faça-os escutarem a música novamente e então realize um trabalho dirigido sobre Impressionismo, comparando, por fim, o trabalho plástico das duas aulas.

(3) Com um procedimento inicial semelhante ao descrito na proposta anterior, você poderá, após a primeira audição da obra, explicá-la, contar aos alunos detalhes sobre ela (antes ou depois da audição), e então propor um trabalho onde retratem essa "tarde de um fauno" a que a composição se refere.

(4) Você pode fazer uma projeção de slides ou filme sobre os artistas impressionistas e utilizar essa música como fundo musical.

(5) Organize uma atividade dramática na qual um ou vários alunos representem o tema principal – o que representa a figura do fauno – e os demais, as ambientações dessa "tarde". Assim, numa coreografia, por exemplo, as pessoas devem deslocar-se de um lugar para outro, ou movimentar o corpo sem sair do lugar, apenas quando determinado instrumento manifestar-se: a flauta, a harpa etc. Para um trabalho desse tipo, o número

de aulas exigido é maior e o de audições e análises da peça musical também.

Quanto à área de literatura, o professor poderá explorar essa música, com uma atividade bastante produtiva, haja vista que foi inspirada num poema de Mallarmé, cujo trecho inicial está transcrito abaixo no original e na primeira das três traduções propostas por Décio Pignatari (Augusto de Campos, Haroldo de Campos e Décio Pignatari, *Mallarmé*, 2. ed., São Paulo, Perspectiva, 1974, pp. 87-90) – ante a complexidade da poesia, ele propõe uma "tridução" (uma tradução tripla), em que os títulos seriam: (1) "A tarde de verão de um fauno" ou (2) "A tarde de um fauno" ou (3) "A sesta de um fauno":

L'après-midi d'un faune

Ces nymphes, je les veux perpétuer.
                    Si clair,
Leur incarnat léger, qu'il voltige dans l'air
Assoupi de sommeils touffus.
                    Aimai-je un rêve?
Mon doute, amas de nuit ancienne, s'achève
En maint rameau subtil, qui, demeuré les vrais
Bois mêmes, prouve, hélas! que bien seul je m'offrais
Pour triomphe le faute idéale de roses.
Réfléchissons...
                    ou si les femmes dont tu gloses
Figurent un souhait de tes sens fabuleux!
Faune, l'illusion s'échappe des yeux bleus
Et froids, comme une source en pleurs, de la plus chaste:
Mais, l'autre tout soupirs, dis-tu qu'elle contraste
Comme brise du jour chaude dans ta toison?

A tarde de verão de um fauno

Quero perpetuar essas ninfas.
                    Tão claro
É o rodopio de carnes, que ele gira no ar
Entorpecido de pesados sonos.
                    Sonho?
Borra de muita noite, a dúvida se acaba
Em raminhos sutis que são o próprio bosque,

> Prova cabal de que, em dom bem solitário,
> Eu triunfava em meio à falta ideal de rosas.
> Reflitamos...
>   E se essas moças, minhas glosas,
> Não passarem de sonho e senso fabulosos?
> Fauno, dos olhos da mais casta, azuis e frios,
> Flui a ilusão como uma fonte em prantos, rios:
> Mas, da toda suspiros, achas que difere
> Da outra, nos teus pelos, como um vento quente?

Todo o trabalho de análise literária, desde o poema em si e aquilo que expressa até o movimento literário no qual seu autor está inserido, poderá ser agradavelmente acompanhado e mesmo ilustrado por essa música de Debussy. Alguns procedimentos sugeridos ao professor de arte poderão orientar o professor de literatura sobre o modo como associar sua matéria com a apresentação da composição musical a seus alunos. Caso o professor dessa área ensine também redação, uma atividade válida é propor-lhes a elaboração de um texto cuja história seja pautada nas melodias desse prelúdio. Para isso os alunos deverão ouvir a música antes do trabalho e de uma maneira bastante descontraída. Outra possibilidade é o professor de literatura apontar questões estéticas comuns entre essa música e as poesias da época em que foi composta e propor aos alunos desenvolverem uma poesia dentro do mesmo estilo e inspirados na música, com o objetivo de fixarem bem as características culturais (artísticas), sociais, psicológicas etc. dos europeus do final do século XIX.

A suíte

A suíte é outra forma que, assim como o prelúdio, criou certa independência com relação às suas funções originais. Inicialmente, mantinha um forte elo com a dança e, com o passar do tempo, desvinculou-se desse compromisso de ser necessariamente uma música para ser dançada.

Em sua essência, a suíte caracteriza-se como um conjunto de movimentos com considerável grau de independência entre si, ou seja, cada movimento mantém características que lhe são bem próprias em forma, estrutura interna, e conteúdo melódico, rítmico etc. – isso reflete sua gênese, sendo que cada movimento era uma música que servia a um tipo diferente de dança.

Alguns compositores do século XIX utilizaram a suíte de modo variado, explorando-a desde a aplicação em peças teatrais ou para músicas descritivas até a aplicação em óperas e em balés – de certa maneira, nesse último caso, houve um resgate de uma característica inicial da suíte como forma musical, porém ainda muito distante do que ela realmente foi durante o século XVII.

ATIVIDADE 28

Área de ampla aplicação
  Arte

Área de restrita aplicação
  Literatura
  Matemática

Objetivo principal
  Em arte: (1) explicar as distinções entre um esboço, uma gravura em preto e branco, uma aquarela etc. até uma pintura colorida em tela; (2) mostrar como se dá a expressividade de uma mesma imagem com traços em preto e branco e com traços coloridos; (3) trabalhar diversas propostas a partir da cena sugerida por uma música descritiva.
  Em literatura: observar as noções de intertextualidade, de releituras etc.
  Em matemática: estudar correspondência biunívoca.

Nível dos alunos
  A partir do 8º ano do ensino fundamental.

Tempo sugerido para o trabalho
  3 aulas

Material
  Música sugerida:
  1) "Quadros de uma exposição", de Mussorgsky – ano da composição: 1874.

Desenvolvimento
  Apesar de ser descritiva, essa obra musical do compositor russo Modest Petrovich Mussorgski não se limita, de modo algum, a ser apenas isso. A proposta principal de Mussorgski foi expressar, por meio de uma composição musical para piano,

uma homenagem póstuma ao seu amigo Viktor Hartmann, pintor e arquiteto, inspirando-se, para tanto, numa exposição pública, em sua memória, de alguns de seus trabalhos, na maioria aquarelas e esboços cênicos.

Imaginou (ou imaginou-se), então, um visitante à tal exposição, que caminhava descompromissadamente, ora atraído por uma determinada obra plástica, ora por outra, como se passeasse entre os quadros, observando um (ou o conjunto) deles durante o trajeto do passeio. A partir dessa concepção, criou um tema musical que identificasse o espectador e melodias específicas que identificassem cada quadro. Assim, a música constrói-se a partir de um tema que é apresentado ao ouvinte logo no início da peça musical e que, de tempos em tempos, no decorrer da mesma, é reiterado, ligando episódios musicais diferentes, como se fosse o espectador que caminhasse de um quadro para outro numa exposição.

Porém, Mussorgski, com economia e firmeza nas linhas melódicas que criou para o piano, sem devaneios virtuosísticos, terminou por conseguir extrair uma sonoridade incrível do instrumento, em que melodias simples e bem definidas são combinadas com grande maestria, e mantêm a atenção do ouvinte comprometida com elas do começo ao fim na audição da música, ou seja, a significação dos quadros que lhe serviram de inspiração parecem ter aumentado consideravelmente, visto que o compositor somou a eles seus pontos de vista sobre os mesmos, sentiu-os e repensou-os profundamente, para então expressá-los com a manifestação sonora.

Somente as ligações explícitas entre essa obra musical e a arte plástica já justificariam sua utilidade na aplicação em aulas dessa disciplina, mas é importante perceber que a música pode ir além disso. Por essa razão, indicamos a mesma obra também para os professores de literatura, por exemplo. A noção de intertextualidade, de releituras etc. fica, nesse caso, bastante evidenciada. Mesmo o professor de arte poderá cogitar articulações que ultrapassem aquelas evidentes, propostas abaixo, afinal, é ele o verdadeiro profissional daquilo que ensina.

Um dos trabalhos mais célebres de orquestração já realizados no mundo foi o que fez o compositor Maurice Ravel exatamente a partir da peça para piano *Quadros de uma exposição*. Ravel alcançou resultados surpreendentes, transformando uma releitura que já era de alto nível em uma releitura com alterações somente timbrísticas, que não só mantinham a qualidade da primeira como lhe conferiam novo aspecto. O professor de arte pode, portanto, apresentar aos seus alunos as duas versões da obra: a original, para piano, e a versão de Ravel, para orquestra, e conferir-lhes associações, por exemplo, com uma mesma imagem em traços em preto e branco e em traços coloridos, respectivamente.

A distinção entre um instrumento e uma orquestra a partir de uma mesma obra é muito útil ao professor de arte, ou de outra disciplina que pretenda representar as diferenças entre algo simples e/ou isolado e algo complexo e/ou em conjunto. Trata-se de um excelente exemplo, já que não perde nem ganha em qualidade, mas mostra as duas possibilidades com muita clareza.

Para o trabalho a ser desenvolvido em sala de aula, o professor de arte poderá valer-se da explicação do que é um esboço, uma gravura em preto e branco, uma aquarela etc., até uma pintura colorida em tela, à base de tintas mais "pesadas". Para isso, deverá aproveitar desde o histórico da música sugerida até a sensibilidade de seus alunos ao escutá-la. Ou seja, num extremo, o professor poderá tanto explicar que a música surgiu a partir de esboços e aquarelas, passando por releituras destas feitas por um compositor, até a releitura deste compositor feita por um outro compositor, como se fosse uma sucessão de "intertextualidades", em que a realização artística, a cada momento, muda superficialmente seu aspecto (uma metamorfose artística?); no outro extremo, o professor poderá evitar explicações, deixando que os alunos se manifestem a partir da audição das duas versões das músicas – obviamente, nesse segundo caso, pelo menos a orientação elementar do professor faz-se necessária.

Outra atividade possível, desenvolvida exclusivamente ou em conjunto com a anterior, é a do professor tomar o sentido original da música e instigar a imaginação de seus alunos, fundamentando-se no caráter descritivo da mesma, isto é, poderá sugerir aos alunos que se imaginem numa exposição e que retratem um de seus quadros a partir simplesmente daquilo que Mussorgski expressa por meio dos sons com relação a eles, ou ainda poderá propor uma visita a uma determinada exposição de um artista, para que, antes ou depois da visita, associem suas experiências próprias vividas com as do compositor que as manifestou por meio de sua música.

Nas relações entre a peça musical original e sua posterior orquestração, também o professor de matemática encontrará um material sonoro que poderá utilizar com segurança, para ilustrar, por exemplo, uma explicação a seus alunos sobre correspondência biunívoca. A versão para piano poderia ser interpretada como o conjunto A, e a versão para orquestra, como o conjunto B. Como os elementos musicais (o número de notas, de compassos, a velocidade do andamento etc.) nas duas versões são iguais, podemos afirmar que, para todo elemento do conjunto A, existe em correspondência um e somente um elemento do conjunto B, sendo a recíproca também verdadeira. Ora, aí estão as condições necessárias para afirmarmos tratar-se de uma correspondência biunívoca entre o conjunto A, com sons com timbre de piano (o professor poderá até denominá-los P1, P2, P3 etc.), e o conjunto B, com sons com timbres variados (poderá, igualmente, denominá-los TP1, para um som do trompete; TB2, para um som do trombone; VL3, para um som do violino).

O tema musical que representa o visitante que passeia pela exposição é apresentado no início da música, durante aproximadamente vinte e oito segundos. Ele é composto por duas frases melódicas (como uma pergunta e uma resposta), sendo que, na versão orquestral, a primeira é executada logo no princípio, como um solo de trompete. Na sequência, tal frase é repetida e, depois, temos a segunda frase melódica apresentada e repetida. Essas repetições da primeira ou da segunda frases são facilmente identificáveis por qualquer ouvinte, pois, primeiro, ela é apresentada como uma linha melódica solitária (o referido solo de trompete) e, na repetição, juntam-se à mesma linha melódica um grande conjunto de outros sons que a acompanham com proximidade rítmica, dando-lhe sustentação harmônica. É importante a fixação desse tema principal, pois ele servirá como guia para o ouvinte durante toda a suíte.

Abaixo estão relacionados os episódios que compõem a obra.

1) *Promenade* (Passeio) – É a entrada na exposição, onde o tema principal é exposto em ritmo bem marcado e cambiante. Esse tema retornará em outras partes da obra e representa o visitante passeando entre os quadros.

2) *Gnomus* (Gnomo) – Esse episódio representa o primeiro quadro de Viktor Hartmann na exposição, a imagem de um velho anão corcunda e desajeitado.

3) *Promenade* (Passeio) – Volta do tema principal, porém com outra harmonia.

4) *Il Vecchio Castello* (O Velho Castelo) – Com uma larga melodia de caráter eslavo (quase oriental), o compositor representa um castelo medieval antigo em ruínas, imagem de outro quadro da exposição.

5) *Promenade* (Passeio) – O tema retorna com brevidade e um pouco mais dinâmico.

6) *Tuileries* (Tulherias) – Esse episódio é rápido e com a predominância de sons agudos. Representa o terceiro quadro, onde figuram crianças brincando no Jardim das Tulherias – parque defronte ao museu do Louvre, em Paris.

7) *Bydlo* – Com uma marcação pesada e constante, no aspecto rítmico, Mussorgski representa esse quarto quadro que traz a imagem de um antigo carro de bois da Polônia (chamado *Bydlo*) que possui rodas grandes que costumam ranger muito.

8) *Promenade* (Passeio) – Discreto retorno do tema inicial.

9) *Ballet des petits poussins dans leurs coques* (Bailado dos pintinhos em suas cascas de ovos) – Com escalas cromáticas ascendentes e outros recursos de efeitos sonoros, o compositor elaborou-o como um estudo para um esboço de Viktor Hartmann.

10) *Samuel Goldenberg et Schmuyle* – Esse episódio representa dois desenhos: um onde figura um judeu rico e outro onde figura um judeu pobre. Essas duas imagens opostas são apresentadas pelo compositor como elementos musicais contrastantes que ora se sucedem, ora são justapostos em contraponto.

11) *Promenade* (Passeio) – Retorno animado ao tema inicial.

12) *Limoges – Le marché* (Limoges – O mercado) – Mussorgski agrega muitos sons para representar o barulho e as falas das vendedoras no mercado de Limoges, retratadas no oitavo quadro.

13) *Catacombae – Sepulchrum Romanum. Cum Mortuis in Lingua Mortua* (Catacumbas – Sepulcro romano. Com os mortos em língua morta) – Esse episódio expressa a visita às catacumbas de Paris à luz de uma lanterna. O compositor prefere interpretar a imagem como sendo de catacumbas romanas, como demonstra o título. Há uma rememoração do tema inicial, transfigurado na segunda parte.

14) *La cabane de Baba-Yaga sur des pattes de poule* (A cabana de Baba-Yaga sobre patas de galinha) – Baba-Yaga é a figura de uma feiticeira, presente no folclore russo. O desenho do pintor apresenta uma complexa construção, baseada na estrutura de um excêntrico relógio, como sendo a casa dessa velha feiticeira. Mussorgski retrata o desenho por meio de melodias e harmonias imprevisíveis, primeiro com contrastes ferozes e, depois, bastante evasivo.

15) *La grande porte de Kiev* (A grande porta de Kiev) – Essa décima primeira e última imagem a que o compositor faz referência retrata uma suntuosa porta, em estilo renascentista russo, imaginada por Hartmann para Kiev. Mussorgski retoma, aqui, o tema inicial (uma vez que encerra seu passeio), porém dá-lhe uma característica mais majestosa e brilhante, no sentido de um final apoteótico, como se atingisse e transpassasse, extasiado, a referida porta, como se ela estivesse, concretamente, no ambiente, ao final da exposição.

Sugestão

Além da música indicada acima, existem algumas obras musicais que podemos encontrar em duas versões distintas: uma para um instrumento solista e outra para orquestra. Entre elas: *Tocata e Fuga em Ré menor*, de J. S. Bach, em versões para órgão e para orquestra. A composição *Rhapsody in Blue*, de George Gershwin, por exemplo, também pode ser útil, uma vez que dentro dela há constantes alternâncias entre a orquestra e o piano tocando as mesmas frases melódicas.

O rondó

Muito utilizado no encerramento de sonatas para piano, o rondó originou-se de estruturas poético-musicais da Idade Média. É caracterizado, fundamentalmente, pela repetição de uma determinada melodia que se alterna com outras de tempos em tempos, ou seja, essa melodia funciona como um refrão que possui uma ideia musical (um tema) que retorna, constantemente, na música. Se chamarmos essa parte que se repete de A, por exemplo, teríamos a distinção entre ela e uma segunda, terceira, quarta (e assim por diante) partes. Esquematizando, seria algo como: parte A, parte B, repetição da parte A, parte C, repetição da parte A, parte D e assim sucessivamente, até o encerramento, geralmente com uma exposição final da parte A.

ATIVIDADE 29

Área de ampla aplicação
  Biologia

Área de restrita aplicação
  Arte
  Literatura/linguística/línguas
  História

Objetivo principal
  Em biologia: observar o processo de contaminação das células de um tecido por um vírus e as reações decorrentes.
  Em arte: desenvolver trabalho cênico (dança) ou plástico, integrado ou não com o trabalho descrito para a área de biologia.
  Em literatura/linguística/línguas: analisar o processo argumentativo.
  Em história: observar a queda de um regime político e sua restauração.

Nível dos alunos
  A partir do 8º ano do ensino fundamental.

Tempo sugerido para o trabalho
  1 aula

Material
  Música/intérprete sugeridos:
  1) "Blue Rondoa la Turk", de Dave Brubeck – ano da composição: 1959. The Dave Brubeck Quartet, disco *Time Out*, Columbia.

Desenvolvimento
  Esse rondó jazzístico de Brubeck apresenta uma concepção musical bastante característica do jazz: a da proposta inicial de

um ou mais temas musicais e a posterior improvisação a partir dele(s). Tal organização interna permite-nos uma aproximação muito fecunda desse tipo de música com certos estudos desenvolvidos na área da biologia, conforme mostrará a atividade que será explicada a seguir.

Se pensarmos num tecido, sabemos que ele é composto, entre outros, por células e que mantém uma organização interna regular: todos os elementos que o constituem trabalham em prol do tecido, são dependentes uns dos outros e têm funções distintas. Caso ocorra um problema que afete qualquer um desses elementos, eles deixarão de cumprir suas tarefas normais, fato que poderá ou não afetar o tecido como um todo. Ora, na organização de uma frase melódica que determine o tema principal de uma música, por exemplo, fato semelhante pode ser verificado: vários sons, com a altura, a intensidade, a duração e o timbre que caracteriza cada um deles, somam-se de modo organizado para formar um tema musical. Portanto, também são elementos distintos e dependentes uns dos outros, quando se pensa na melodia em sua totalidade.

Tomando a música "Blue Rondo a la Turk", poderá o professor de biologia desenvolver com seus alunos uma divertida atividade para ensinar o processo de contaminação de células de um tecido por um vírus. Tal composição é executada por quatro instrumentistas que tocam, respectivamente, um piano, uma bateria, um contrabaixo e um saxofone. Logo no início da música, percebemos a ocorrência de um tema principal apresentado pelo solo do piano: é uma melodia agitada, nervosa, mas muito precisa e organizada. Os sons da bateria e do contrabaixo, também rígidos, principalmente na organização rítmica, dão-lhe sustentação. Assim, a linha melódica inicial do piano poderia ser equiparada com um tecido saudável, que funciona normalmente, repetindo, organizadamente, seu metabolismo, sendo que ela é acompanhada pelos sons da bateria e do contrabaixo, os quais poderiam representar as condições que propiciarão ou não a manifestação do vírus. No caso do saxofone, pode-se equipará-lo, a partir de sua presença na música, com o vírus que desequilibrará a organização característica da célula. Mas, antes, é preciso um esclarecimento: nessa música, entre esses quatro instrumentos envolvidos, apenas o piano e o saxofone realizam, de fato, frases melódicas, cabendo aos outros dois apenas o acompanhamento (rítmico e melódico, como base) e participações expressivas menores. Portanto, tenhamos, desde já, bem clara, uma suposta noção de "rivalidade" entre as melodias marcantes executadas pelo piano e as melodias marcantes executadas pelo saxofone, para que possamos compreender, no desenvolvimento da música, os confrontos entre células do tecido e vírus.

Os ouvintes perceberão que, após a música iniciar-se com as sonoridades do piano, da bateria e do contrabaixo, o som do saxofone aparecerá repetindo as frases melódicas propostas pelo piano, como se fosse um elemento estranho que tenta aproximar-se e participar do conjunto, procurando uma maneira de integrar-se ao grupo – no caso, o saxofone reforça o tema ditado pelo piano, obedecendo a organização por ele estabelecida. Quando finalmente o saxofone tem sua sonoridade, em termos timbrísticos, mais à vontade (participante) no conjunto, passa a sugerir novas propostas melódicas, substituindo a ordem inicial pela improvisação. O piano para de produzir qualquer som e, depois, como que reage, voltando a repetir o tema principal por três vezes, alternando-se com a insistência das interferências de novas frases melódicas propostas pelo saxofone – estas mais descontraídas e descompromissadas que as anteriores, do início da música. Porém a reação melódica do piano é vã. A improvisação do saxofone impõe-se, domina o conjunto e atrai a participação da bateria e do contrabaixo como seus acompanhantes. Decorrido algum tempo, até mesmo o piano passa a improvisar frases melódicas, abandonando o tema proposto no início, ou seja, submete-se à "desorganização" sonora, se é que assim poderíamos chamar, que a interferência do saxofone trouxe.

A analogia que o professor de biologia poderá estabelecer entre esse desenvolvimento interno do "Blue Rondo a la Turk" e as relações entre o tecido e o vírus é nítida: o primeiro tem uma organização interna e, quando sofre a intervenção de um vírus, desarticula-se a ponto de suas células, de certo modo, abdicarem de suas funções vitais, para sujeitarem-se ao vírus. Ora, vimos que o piano estabelece uma ordem melódica que sofre a intervenção das melodias improvisadas pelo saxofone, chegando a ponto de o piano abdicar das melodias organizadas que executava inicialmente em prol das improvisações propostas pelo saxofone. Resta analisarmos o que acontece, então, no final da música.

Após a improvisação individual do piano, o saxofone torna a improvisar, mas sem o mesmo entusiasmo, sem a força criativa característica da melodia de sua primeira investida. Isso possibilita que o piano retome a melodia inicial. Novamente ocorrem alternâncias entre a rígida melodia do piano e as investidas melódicas manhosas do saxofone. Finalmente a música termina com o tema original proposto pelo piano, vencendo a parada e neutralizando a manifestação melódica defendida pelo saxofone.

As sonoridades da bateria e do contrabaixo poderiam ser observadas como as condições que favorecem a manifestação ou não do vírus, tal qual, por exemplo, o herpes, que pode se manifestar sob a ação dos raios solares. Eles mantêm a base para a melodia do piano, que sofre a interferência da sonoridade do saxofone. Nessa ocasião, a melodia do piano é como um tecido que permanece infectado pelo vírus, sendo que este só se manifesta quando encontra condições favoráveis para isso, ou seja, no caso da música, quando a bateria e o contrabaixo fornecem o acompanhamento às improvisações melódicas que o saxofone propõe (quando o saxofonista encontrou um espaço para sua expressão particular, iniciou um processo instável de improvisação melódica dentro da música).

Visto que as notas musicais são elementos constituintes da frase melódica e que a partir de cada uma delas (notas) podemos gerar uma nova melodia, temos possibilidade de compará-las a DNAs, por exemplo: é por meio do lançamento, nas células do tecido (melodia do piano), de seu DNA (nota musical), que o vírus (melodia do saxofone) poderá contaminá-lo. Quando as notas produzidas pelo saxofone passam a controlar a música é como o DNA viral comandando o metabolismo de cada célula do tecido, desorganizando-o – é o caso, por exemplo, do vírus da gripe parasitando as células de tecidos respiratórios. Por outro lado, quando as notas do saxofone ficam submissas às notas da melodia proposta pelo piano, ou seja, quando o efeito de instabilidade fica bastante atenuado, é como o DNA viral incorporando-se ao DNA de cada célula do tecido sem interferir expressivamente no seu funcionamento normal – é o caso, por exemplo, do vírus da gripe não produzindo efeitos tão nocivos às células de tecidos respiratórios infectados.

Caso o professor de biologia pretenda apresentar outras possibilidades, como, por exemplo, o vírus aproveitando-se das proteínas e DNAs das células para reproduzir-se até arrasar totalmente o tecido, poderá valer-se de outros tipos de jazz em que as relações entre as frases melódicas tocadas pelos instrumentos sejam diferentes daquelas que verificamos nessa composição de Dave Brubeck – às vezes, por exemplo, encontramos músicas em que a sonoridade de um instrumento sobrepõe-se à de um outro instrumento, e este último acaba por silenciar. No caso da composição utilizada, poderíamos resumir as analogias feitas, num esquema, do seguinte modo:

Piano → melodia principal = Tecido em ordem (estável).

Saxofone → melodia improvisada = Tecido em desordem (instável).

Bateria e contrabaixo → acompanhamento = condições favoráveis ou não ao vírus.

Algumas notas das melodias = DNAs dos vírus ou das células.

Abaixo relacionamos, como um guia para o professor leigo em música, as participações do piano e do saxofone em "Blue Rondo a la Turk", seguindo a ordem temporal, cronometrada, de entradas das linhas melódicas executadas por tais instrumentos – o tempo total de duração da gravação da música é de aproximadamente seis minutos e quarenta e quatro segundos (6'44'').

Instrumento e Melodia	Tempo
Piano – inicia a música apresentando a melodia principal	0'00"
Saxofone – adere às melodias propostas pelo piano, acompanhando-o ou solando	0'11"
Saxofone – inicia a improvisação	1'52"
Piano – retoma a melodia principal	1'56"
Saxofone – insiste na improvisação	2'00"
Piano – retoma a melodia principal	2'04"
Saxofone – insiste na improvisação	2'06"
Piano – retoma a melodia principal	2'10"
Saxofone – instaura a improvisação	2'14"
Piano – adere, solando, à improvisação proposta pelo saxofone	3'52"
Saxofone – desenvolve, novamente, a improvisação	5'34"
Piano – retoma a melodia principal	5'38"
Saxofone – retoma a improvisação	5'42"
Piano – retoma a melodia principal	5'44"
Saxofone – retoma a improvisação	5'48"
Piano – retoma a melodia principal e torna a desenvolver o tema	5'52"
Saxofone – acompanha, quase até o final, as melodias propostas pelo piano	5'58"

Na área de arte, haverá possibilidade de o professor desenvolver um excelente trabalho interdisciplinar com seus alunos, aproximando-se, por meio dessa música, da matéria aprendida por eles com o professor de biologia. Porém, é possível desenvolver outras atividades que não estejam necessariamente atreladas a esta outra disciplina.

O professor de arte poderá sugerir um trabalho plástico após a audição da composição de Brubeck e da discussão com seus alunos sobre seus paralelos com as questões biológicas, conforme comentado acima. Um belo trabalho cênico também é viável, pois a peça musical é curta, apenas instrumental e tem características bastante dinâmicas que favorecem o desenvolvimento coreográfico. Nesse caso, o professor poderá dividir a classe, estabelecendo a cada aluno ou grupo de alunos um papel com funções específicas semelhantes às dos elementos constituintes de uma célula padrão e adjacentes. Feito isso, promoverá a criação coletiva de um roteiro, um figurino e uma coreografia e, em seguida, colocará os alunos para atuarem.

A analogia feita entre essa música e o processo de contaminação de uma célula por um vírus poderá servir como direcionamento para a elaboração do roteiro. Observação: para essa última atividade será necessário mais do que uma única aula.

A partir das explicações acima relacionadas, fica evidente que essa música poderia ser utilizada em outras áreas também, variando o grau de adequação. O professor de literatura, linguística, línguas e disciplinas afins, por exemplo, terá, nessa composição, a chance de ilustrar o processo argumentativo num texto verbal escrito ou oral, estabelecendo as relações entre enunciador e enunciatário, mostrando a persuasão no ato comunicativo. Da mesma forma, o professor de história poderá valer-se de tal música para, por exemplo, explicar o processo de queda de um regime político e sua restauração, num paralelo ao que observamos quando da confrontação das melodias com a alteração da organização normal da célula para uma situação "anárquica" e a posterior reorganização que a reconduziu à "ordem" original.

A fantasia

Essa forma musical é uma das que tem suas estruturas formais internas mais livres. Uma ideia musical conduz à outra sem muita rigidez, sugerindo algo improvisado.

A fantasia, cuja origem remete às formas musicais do século XVI, poderia, de certo modo, ser vista como a versão instrumental do moteto vocal, visto que, geralmente, também é seccionada e imitativa entre as linhas melódicas das "vozes" da composição. É mais livre, porém, permitindo ao compositor interligar temas contrastantes ou não, seguindo critérios bastante particulares.

ATIVIDADE 30

Área de ampla aplicação
Biologia
Geografia

Área de restrita aplicação
Arte

Objetivo principal
Em biologia: estudar os animais em geral.
Em geografia: estudar os continentes através de exemplos de suas faunas.
Em arte: desenvolver atividades cênicas ou plásticas elementares.

Nível dos alunos
A partir do 2º ano do ensino fundamental.

Tempo sugerido para o trabalho
3 aulas ou mais

Material
Música sugerida:
1) *O carnaval dos animais*, de C. Saint-Saëns – ano da composição: 1886.

Desenvolvimento:
Conhecida como "grande fantasia zoológica", essa peça divide-se em catorze movimentos, sendo que, em cada um deles, geralmente figura um animal diferente, quase sempre associado a um determinado instrumento: o cisne pelo violoncelo, o elefante pelo contrabaixo etc. Na marcha inicial, por exemplo, Saint-Saëns conseguiu um efeito bastante original do rugido de um leão pelos potenciais sonoros do piano.

Esta música pode ser utilizada pelos professores de biologia, geografia ou arte, com alunos de qualquer idade – sua sonoridade atrai bastante os alunos, principalmente as crianças e os idosos.

Na biologia, o professor pode desenvolver uma atividade em que distinga os táxons (grupos) de animais segundo as classificações que a área lhes confere, visto que, na música, temos a retratação temática em cada parte da obra indo desde répteis, como as tartarugas, até mamíferos, como os cangurus. Além disso, há uma parte denominada "Fósseis", que poderá ser bem interessante para ilustrar musicalmente esse assunto, numa aula sobre evolução, por exemplo. Com os primeiros anos do ensino fundamental, o professor poderá colocar a gravação da música para os alunos escutarem parte por parte, sem falar nada sobre o tema verbal explícito de cada uma delas, sendo que, ao término de cada parte escutada, deverá estimular alguns dos alunos a imitarem os sons que lhes pareceram mais característicos na melodia recém-escutada e, a partir daí, a classe tentará dar um nome ou uma definição para essa parte da música que ouviu. Após os alunos escutarem todas as catorze partes, ele deverá revelar-lhes o nome da obra e de cada parte escutada e, então, passar à explicação sobre as distinções biológicas propriamente ditas aos alunos.

Com os alunos mais avançados do ensino fundamental ou, então, com os do ensino médio, o professor poderá realizar atividade parecida, porém, obviamente, sem pedir-lhes que imitem os sons das melodias, pois, nesse caso, provavelmente achariam a proposta ridícula de trabalho, talvez escondendo a vergonha que teriam perante a classe. Com tais alunos, de maior idade, o professor terá ainda outras possibilidades, como a de solicitar-lhes uma pesquisa em enciclopédias e revistas especializadas sobre os animais relacionados nas partes que compõem a obra musical, ou então, após cada explicação teórica sobre as espécies, colocar a parte da música relacionada a cada uma delas para ouvirem descontraidamente (de olhos fechados, preferencialmente). Um detalhe importante na música é a existência de uma parte denominada "Pianistas", que retrata a nós, seres humanos, mamíferos também. Desse modo, seria estimulante para os alunos propor o desenvolvimento de uma atividade envolvendo a biodiversidade animal, com o questionamento das razões das formas dos animais, relacionado-as com o ambiente em que cada espécie vive.

O professor de geografia encontrará nas partes que compõem *"O carnaval dos animais"*, a possibilidade de explicar as regiões da Terra, os continentes, com seus climas e vegetações característicos, por exemplo, por meio de certos animais presentes na fauna de tais regiões. Assim, entre outras divisões possíveis, poderia relacionar, por exemplo, os hemíonos com a Ásia, as tartarugas com a América, o elefante com a África, os cangurus com a Oceania e o cuco com a Europa. Os procedimentos para a apresentação da música aos alunos podem ser semelhantes aos descritos acima com relação às aulas de biologia, sendo que, no caso da geografia, o professor provavelmente deverá ter a necessidade de fragmentar a obra musical, extraindo dela as partes que apenas lhe interessem, para que não fuja demasiado da proposta sugerida. Caso trabalhe interdisciplinarmente com professores de biologia e/ou arte, então sim terá a chance de abrir seu leque de opções e oferecer aos alunos a audição integral da obra.

A composição de Saint-Saëns envolve dois pianos e uma orquestra com dois grupos de violinos, viola, violoncelo, contrabaixo, flauta, clarinete, harmônica e xilofone. Com tal distribuição, o professor de arte deverá, previamente, selecionar as partes da música que lhe interessam, ou mesmo a obra integralmente (isso dependerá também do número de aulas de que dispuser para tal atividade) e anotar os instrumentos musicais que se destacam em cada parte como referencial.

Feito isso, poderá propor a seus alunos de menor idade, por exemplo, o desenvolvimento de atividades teatrais e/ou plásticas elementares, dirigindo a proposta segundo a participação dos instrumentos que antes anotou, ou seja, caso a intenção seja uma atividade teatral, poderá, por exemplo, explicar aos alunos que farão um teatro apenas com mímicas, usando a música não para dançar ou cantar, mas simplesmente representar, e então estabelecerá a cada grupo de alunos, distribuídos num palco, ou espaço similar, o compromisso de representar cada instrumento no momento em que ele estiver sendo tocado. Não nos referimos à representação do instrumento concretamente como tal, mas sim à associação do timbre de cada um deles com cada animal. É claro que as crianças não terão, forçosamente, o discernimento para identificar este ou aquele timbre na música a todo instante; é aí que a coordenação (como uma regência) do professor de arte, com base em suas anotações prévias, faz-se necessária.

Como guia elementar para os professores, eis a distribuição ordenada das catorze partes que compõem *"O carnaval dos animais"*:

- nº 1 – Introdução e marcha real do leão.
- nº 2 – Galinhas e galos.
- nº 3 – Hemíonos (espécie de cavalo selvagem da Ásia Ocidental).
- nº 4 – Tartarugas.
- nº 5 – O Elefante.
- nº 6 – Cangurus.
- nº 7 – Aquário.
- nº 8 – Animais de orelhas compridas.
- nº 9 – O Cuco dentro do bosque.
- nº 10 – Viveiro de pássaros (gaiola).
- nº 11 – Pianistas.
- nº 12 – Fósseis.
- nº 13 – O cisne.
- nº 14 – Final.

Sugestões:

Para atividades semelhantes nas áreas da biologia e da arte: "O voo do besouro", da ópera *A história do Czar Saltan*, de Rimsky-Korsakov, *O morcego*, opereta de Johann Strauss Jr., "Dança dos cisnes", do balé *O lago dos cisnes*, de Tchaikovski, *Andorinhas da aldeia*, de Josef Strauss e *A truta*, de Franz Schubert.

A MÚSICA PARA DANÇAR

O balé

Trata-se de um modo de representar algo sem utilizar o recurso verbal na expressividade, mas sim o movimento do corpo, sendo que tal movimento é coordenado a partir de referenciais fornecidos pela sonoridade musical. Assim o balé enquadra-se na categoria daquilo a que chamaríamos de "dança de exibição", atingindo seu requinte dentro da expectativa do mais elevado nível técnico na arte de dançar.

O balé moderno ocidental teve sua raiz nas cortes europeias dos séculos XVI e XVII, quando era apresentado como entretenimento – foi nas cortes francesas onde mais evoluiu, tornando-se um dos marcos da cultura francesa. Posteriormente, passou a fazer parte de algumas óperas, até atingir seu amadurecimento como espetáculo independente, geralmente dotado de um enredo. Nos séculos XIX e XX, vários compositores de grande talento produziram obras musicais destinadas unicamente ao desenvolvimento coreográfico em balés com tal característica. Entre esses compositores, destacamos Ravel, Tchaikovski e Stravinski – os dois últimos diretamente ligados ao desenvolvimento e à posição de destaque internacional que tem nos dias atuais o balé russo.

ATIVIDADE 31

Área de ampla aplicação
Biologia

Área de restrita aplicação
Arte

Objetivo principal
Em biologia: estudar o processo de metamorfose nos animais. Em arte: observar a somatória dos atores e o efeito da totalidade no palco na arte cênica.

Nível dos alunos
A partir do 8º ano do ensino fundamental.

Tempo sugerido para o trabalho
2 aulas ou mais

Material
Música sugerida:
1) "Bolero (balé em um ato)", de Maurice Ravel – ano da composição: "1928".

Desenvolvimento
Essa é uma das mais conhecidas músicas do repertório das orquestras sinfônicas. Ravel a compôs originariamente para um balé no qual a cena era ambientada em um cabaré de Barcelona, Espanha, repleto de boêmios fumantes e beberrões, sendo que, no meio do cenário, numa plataforma, uma mulher dançava sozinha. No desenrolar do balé, os homens iam, pouco a pouco, cercando e se aproximando da dançarina no centro.

Portanto, é redundante explicar as razões pelas quais tal música serve às aulas de arte, especialmente nos aspectos cênicos. No entanto, cabe lembrar que o professor dessa disciplina pode tomar o enredo original para a proposta de um trabalho com seus alunos, ou ainda explorar a criatividade deles, deixando-os livres para elaborar um enredo novo a partir da audição da obra (daí sugerirmos mais que duas aulas para o desenvolvimento de uma atividade desse tipo, mais complexa e eriquecedora).

Diversas manifestações artísticas foram inspiradas nessa música, porém, uma das mais criativas, por ser tão simples e ao mesmo tempo inesquecível, como a própria música (em parte em razão das suas microrrepetições internas), foi um misto de representação teatral e dança, onde os alunos formavam um enorme dragão, semelhante àqueles de festas populares chinesas, com uma máscara frontal e um longo corpo, que, obviamente, possuía uma sequência enorme de pares de pernas. O animal era composto por diversos alunos enfileirados numa fila única, cobertos por um longo pano, de modo que apenas suas pernas ficavam à mostra – o primeiro era o aluno que direcionava a fila e carregava a máscara. O imenso bicho entrava em cena aos poucos, passo a passo no ritmo da música, todas as pernas sincronizadas, até que, num determinado momento, quando todos já estavam no palco, passava a desenvolver evoluções coreográficas. É importante que o professor de arte, ao trabalhar tal música cenicamente com sua classe, não deixe também de enfatizar conceitos fundamentais sobre o teatro e sua história, chamando a atenção para o que é um ator sozinho no palco, e o que significa atuar em conjunto, somando esforços em prol de um resultado final comum.

"Bolero" é uma música com duração total entre treze e dezessete minutos, dependendo da velocidade determinada por cada regente à orquestra. Existem duas frases melódicas principais, cuja estética sonora lembra a combinação mista de melodias espanholas e orientais, e são repetidas diversas vezes ao longo da música, sendo acompanhadas por um ritmo constante e inalterado, realizado pela "caixa clara" (ou "tambor de guerra"), instrumento de percussão da orquestra.

O leitor que desconhece tal obra poderá imaginar que a repetição de uma mesma melodia durante tanto tempo fatalmente o conduzirá, como ouvinte, após alguns minutos, ao tédio. Estaria corretíssimo em sua interpretação prévia dos fatos, mas isso não ocorre necessariamente, uma vez que Ravel também considerou tal possibilidade quando compôs a música e compensou essa provável monotonia com um trabalho de variação de intensidade sonora que vai do som fraquinho ao som fortíssimo, progressivamente, durante o tempo de duração da música e com uma combinação timbrística engenhosa entre os instrumentos da orquestra.

Para aproximarmos essa música da biologia, teremos de atentar exatamente para essa questão da repetição. Em música, costuma-se chamar a um determinado conjunto rítmico composto por algumas notas de "célula rítmica" – veremos que o primeiro termo vem bem a calhar com a atividade proposta a seguir. No "Bolero", existe uma célula rítmica que é executada por diversos instrumentos, melódicos (que executam notas de alturas diferentes) ou não, porém ela é constante do começo ao fim da obra em um instrumento percutido: a caixa clara, como já comentei anteriormente. A música começa com esse som da caixa, em pianíssimo (bem fraco), e a ele vão sendo somados, pouco a pouco, no decorrer da música, outros instrumentos que realizam um ritmo igual. Esse ritmo funciona como um acompanhamento às duas melodias principais, porém, se ele não existisse com tanta firmeza, disciplina, concisão e rigidez, toda a composição ruiria, pois é como o alicerce de toda essa construção composicional.

Tal fundamento da composição de Ravel servirá de exemplo ao professor de biologia caso ele intencione explicar a seus alunos o processo de metamorfose que ocorre em certos animais, como os insetos, os anfíbios etc., ao passar da fase de larva. Assim como determinado animal desenvolve-se a partir de uma célula, a música também parte de uma "célula rítmica" para então ser desenvolvida. Se traçarmos um paralelo com a metamorfose que ocorre com o sapo, por exemplo, teremos o mesmo passando do estágio de ovo para o de girino e, finalmente, para o de sapo adulto. Nesse processo, ele tem, primeiramente, brânquias externas e depois cresce, adquirindo membros anteriores e posteriores. Ora, "Bolero", igualmente, é uma peça musical que, de certo modo, metamorfoseia-se: sai de um estado ínfimo sonoro, de pancadas numa única caixa clara, para atingir um clímax, com a plena sonoridade de todo o conjunto dos instrumentos musicais. Durante o processo, as fendas branquiais ou as brânquias externas do sapo poderiam ser comparadas às primeiras exposições das frases melódicas, com instrumentos bem definidos, como a flauta, o clarinete, o fagote etc. Depois, a ocorrência de membros anteriores e posteriores, já configurando o formato do sapo adulto tal qual normalmente o conhecemos, poderia ser comparada à participação de conjuntos inteiros de instrumentos que passam a executar tais frases, como é o caso dos grupos instrumentais formados pela flauta e pelo trompete, pelos primeiros e segundos violinos etc.

"Bolero" é uma música que se modifica, altera-se, sem perder sua célula rítmica original. Assim como, num animal, pode aumentar o número de órgãos em seu desenvolvimento, na música aumenta o número de instrumentos tocando no decorrer do seu tempo de execução; assim como há, no corpo, a formação de tecidos, nessa música há a formação de "tessituras" sonoras; assim como, no corpo, passam a figurar diferentes células, nessa música há outras células rítmicas que são somadas à célula inicial. Enfim, são variadas as analogias possíveis.

Essa atividade com o paralelismo comparativo entre metamorfose e "Bolero" poderá preencher bem duas aulas do professor de biologia. É aconselhável que ele inicie com a música e as observações dos alunos sobre ela (seguindo suas orientações), para, somente depois, expor na lousa os conceitos formais que fundamentam o processo da metamorfose, aí então os comparando com as ocorrências na música. É produtivo, ainda, após a explicação teórica da matéria, conceder aos alunos a audição da música uma vez mais, na segunda aula, e propor que, de olhos fechados, imaginem, enquanto ouvem a música, a metamorfose de algum animal, descrevendo, depois, o que cada um imaginou em uma redação ou em um debate em sala de

> aula – o debate é eficaz na medida em que eventuais disparates científicos propiciados pela imaginação de cada um poderão ter explicadas suas impossibilidades pelo professor, ou seja, se um aluno, ao ouvir a música, de olhos fechados e relaxado, imaginou a metamorfose de um animal que não sofre essa transformação e expôs isso para a classe, o professor deverá esclarecer as razões dessa impossibilidade em termos concretos, porém, tendo sempre o cuidado de não tolher a criatividade de seu aluno com críticas destrutivas. O importante é mostrar-lhe a diferença entre ciência e imaginação, sem restringir o desenvolvimento de alguma das duas na mente do aluno (essa observação serve também para o professor de arte, entre outros), se não nem teria razão utilizar a música em sua aula. O aluno deve compreender que tal processo é impossível concretamente para aquele animal que imaginou metamorfoseado, mas que sua imaginação é válida, por exemplo, se utilizá-la para encontrar soluções para problemas científicos que pareçam irresolúveis.

Sugestões

Para atividades em variadas disciplinas: *Don Juan*, de Gluck; *Prometheus*, de Beethoven; "Dança das horas" (*de La Gioconda*), de A. Ponchielli; *Copélia e Sylvia*, de Delibes, *O lago dos cisnes*, *A bela adormecida* e *O quebra-nozes*, de P. Tchaikovski; *O pássaro de fogo*, *Petruchka* e *A sagração da primavera*, de Igor Stravinski; *La valse*, de M. Ravel e *O mandarim maravilhoso*, de B. Bartók.

A MÚSICA PARA ENCENAR

A ópera e a opereta

A ópera e a opereta, versão mais reduzida e modesta da primeira, valem-se da música para, diferentemente do balé, representar algo utilizando o recurso verbal na expressividade, do mesmo modo que se faz no teatro, porém, sempre cantando o texto.

Trata-se de uma forma que faz parte do grupo de manifestações musicais mais extensas, em termos temporais de execução sonora por parte dos intérpretes, e que envolve o maior conjunto de profissionais de diversas áreas para a sua efetiva apresentação integral ao público, uma vez que reúne, num único espetáculo, música, literatura, arte cênica, arte plástica etc. – um pequeno balé, por exemplo, pode eventualmente ocorrer como parte integrante de uma ópera, porém a recíproca não é verdadeira.

A ópera tal qual a conhecemos hoje é fruto de transformações e evoluções de um modo de representar-se, surgido na Antiguidade Clássica, que depois passou a servir para fins religiosos, a seguir para entretenimentos aristocráticos, até que, a partir de 1637, tal forma musical popularizou-se com o surgimento, em Veneza, na Itália, do primeiro teatro destinado a apresentar ópera para as classes sociais menos abastadas. O auge dessa forma musical em termos de sucesso popular deu-se no século XIX, quando a rivalidade entre grandes compositores, como G. Verdi e R. Wagner, por exemplo, resultou num repertório operístico criativo, inovador e de altíssimo nível musical. Até mesmo Carlos Gomes, nosso maior compositor na época, dedicou-se, com afinco, a essa forma e compôs belas músicas, como as óperas *O guarani* e *Fosca*, entre outras.

As estruturas musicais internas à ópera, em razão das transformações e evoluções que sofreu, são variadas. Podemos encontrar nelas recitativos ou não, podemos ter a ópera dividida em um, dois, três atos, podemos ter ou não danças no palco. Porém, o século XIX estabeleceu certos critérios que, ainda hoje, vigoram, como a necessidade de uma "Abertura" apenas instrumental e, portanto, sem representações. Mas, na essência, essa forma musical caracteriza-se mesmo por ser destinada à apresentação de uma história com versos poéticos musicados, que são cantados por um ou mais cantores, acompanhados por um ou mais instrumentos musicais, atuando, cenograficamente, para apresentá-la. A combinação dos sons na composição musical obviamente contribui para expressar, da melhor maneira possível, aquilo que o texto literário traz como informação em seu discurso.

ATIVIDADE 32

Área de ampla aplicação
Física

Área de restrita aplicação
Arte
Língua Italiana

Objetivo principal
Em física: estudar a evolução tecnológica dos meios de gravação e reprodução fonográfica.

Em arte: representar uma cena de uma ópera e estudar esse tipo de manifestação artística.

Em língua italiana: analisar a linguagem utilizada no século XIX, a cultura latina, a cultura italiana etc.

Nível dos alunos
A partir do 2º ano do ensino médio.

Tempo sugerido para o trabalho
3 aulas

Material
Música/intérpretes sugeridos:
1) "Cavatina – Largo al factorum – ATO I (solo de barítono)", da ópera *O barbeiro de Sevilha*, de G. A. Rossini – ano da composição: 1816, nas seguintes gravações:
• Tito Gobbi – gravação de 1956 – com Orquestra e Coro do Teatro Alla Scala de Milão, regência de Carlo Maria Giulini – Cetra/Opera Live – LP de 1977.
• Robert Merrill – gravação de 1958 – com Metropolitan Opera Orchestra and Chorus, regência de Erich Leinsdorf – RCA – CD de 1987.

• Sesto Bruscantini – gravação de 1964 – com Orquestra e Coro do Teatro Alla Scala de Milão, regência de Gabriele Santini – Opera D'Oro – CD de 1998.

• Piero Cappuccilli – gravação de 1971 – Orquestra Filarmônica de Praga, regência de Giacomo Zani – RCA – LP de 1971 – Coleção *As Grandes Óperas*, da editora Abril Cultural.

• Hermann Prey – gravação de 1974 – com Coro e Orquestra do Teatro Alla Scala, regência de Claudio Abbado – produção cinematográfica italiana, com 142 minutos de duração, dirigida por Jean-Pierre Ponnelle (disponível em vídeo) – Produção: Unitel – Distribuição: Deutsche Grammophon Vídeo.

• John Rawnsley – gravação de 1982 – com Orquestra Filarmônica de Londres, regência de Sylvain Cambreling – produção cinematográfica britânica, com 157 minutos de duração, dirigida por Dave Heather (disponível em vídeo – legendado em português) – Produção: The National Video Corporation e Glyndeboyrne Production – Distribuição: Globo Vídeo.

• Thomas Allen – gravação de 1982 – com Ambrosian Opera Chorus e Academy of St. Martin-in-fields, regência de Neville Marriner – Philips – LP de 1983.

• Roberto Servile – gravação de 1992 – Naxos – CD de 1997.

• Håkan Hagegård – gravação de 1993 – com Choeur du Grand Théatre de Genève et Orchestre de Chambre de Lausanne, regência de Jesus Lopez-Cobos – Teldec – CD de 1993.

Desenvolvimento

O barbeiro de Sevilha (Il barbiere di Siviglia) é uma das obras-primas do repertório operístico mundial, sendo uma das obras mais montadas e apresentadas ao público em diversos países. A partitura, escrita provavelmente em não mais que duas semanas pelo italiano Gioacchino Antonio Rossini, grande compositor de óperas, apoia-se num texto de Sterbini, extraído da peça escrita por Beaumarchais.

A ópera, que teve uma estreia desastrosa e depois se firmou como composição musical de primeira grandeza entre os gêneros operísticos da farsa e da comédia, tem um enredo que envolve um par amoroso que conta com as peripécias de um barbeiro da cidade para se aproximar e se casar. O espaço e o tempo em que a história ocorre é a cidade espanhola de Sevilha no século XIX. Fígaro, representado por um cantor *barítono*, é o barbeiro de Sevilha que visita os clientes em suas casas e, desse modo, sabe tudo o que se passa na intimidade das famílias. Acaba atendendo a solicitações diversas dos clientes que serve, não apenas àquelas que competem verdadeiramente à função de um barbeiro. Assim, torna-se uma espécie de "faz tudo" na cidade em razão da facilidade que tem em relacionar-se socialmente e em transitar com alguma liberdade pelas casas burguesas.

A aventura romântica que se passa nessa ópera envolve Rosina, representada por uma cantora *soprano*, que vive sob a tutela de Dom Bartolo, representado por um cantor *baixo*, e o conde Almaviva, representado por um cantor *tenor*, que a corteja. Dom Bartolo, o tutor, resguarda Rosina, pois ele mesmo é quem pretende casar-se com ela, porém, o conde de Almaviva apaixona-se pela moça e, disfarçado, com a ajuda de Fígaro, consegue entrar em contato com sua amada, que lhe corresponde o amor. Ambos terminam se casando, fazendo com que as intenções do velho Dom Bartolo fracassem.

O trecho dessa ópera sugerido para o trabalho em sala de aula é apresentado, em sua parte inicial, num solo de Fígaro no qual ele se apresenta comentando sobre si mesmo e as tarefas que realiza pelas casas das famílias da cidade. Tal trecho, conhecido como a "cavatina do Fígaro", tornou-se um clássico da interpretação musical de cantores porque tanto exige virtuosismo dos barítonos que se propõem a cantá-lo, como satisfaz a maioria dos ouvintes que o escutam. Rossini conseguiu, nesse trecho, aliar, com muito talento, a comicidade presente na gênese do discurso verbal com uma linha melódica que musicalmente o acompanha, sendo fiel em tal característica, resultando disso uma força expressiva enorme que faz com que, mesmo que o ouvinte não identifique os sentidos das palavras no idioma italiano, por exemplo, compreenda o humor particular desse trecho por meio da linguagem musical. Musicalmente a orquestra "cresce" junto com o solo de barítono, culminando com palavras cantadas cada vez mais rápidas e com intensidades cada vez mais fortes, como sendo as solicitações insistentes dos clientes de Fígaro a chamá-lo, até que, no clímax, ela silencia, deixando o cantor sozinho cantando: "Fígaro, Fígaro, Fígaro, Fígaro...".

Uma característica desta ópera é essa "interação" das personagens e das situações teatrais que as envolve com a estrutura musical da obra, e os professores de diversas disciplinas poderão explorá-la em atividades variadas se assim o desejarem, bastando adequá-las às propostas das aulas.

O professor de física pode utilizar o conjunto de algumas gravações fonográficas da "cavatina do Fígaro", realizadas em diversas épocas, com diversos modos e recursos de gravação (diversos tipos de "alta definição"), para estudar com seus alunos o conceito de acústica por meio dos possíveis processos de armazenamento e reprodução do som que elas representam. Pode, ainda, incluir, no estudo, a observação do constante desenvolvimento tecnológico nos registros sonoros, o que abrangeria questões ligadas aos recursos eletrônicos, ao atrito e à térmica, entre outras.

Para uma atividade desse tipo, o professor deve apresentar para a classe ouvir, por exemplo, três registros sonoros da mesma música, realizados em épocas diferentes e com recursos técnicos distintos, no intuito de comparar as gravações. Dependendo daquilo que o professor deseja destacar, tais gravações poderão ter sido remasterizadas ou não – caso queira manter os ruídos naturais dos sistemas analógicos de gravação, deve evitar as remasterizações. De outro modo, deve utilizar apenas aquelas que passaram por processos digitais, mesmo que sejam de origem analógica. É preferível, em alguns casos, se for possível, utilizar o disco original em vinil, enquanto que, em outros casos, o CD é o mais indicado. Como se percebe, reiteramos: o material físico utilizado vai depender muito dos recursos de que se dispõe e daquilo que o professor pretende abordar, em sua aula, desses aspectos do registro sonoro – daí o fato de termos indicado, inclusive filmagens da referida ópera.

É evidente que o professor terá necessidade de reapresentar a seus alunos ouvintes, várias vezes, as gravações pela mesma razão de observação às questões físicas do som que comentei anteriormente. Eles precisam acostumar-se com a música primeiramente, conhecê-la e ultrapassar a curiosidade artística da "cavatina do Fígaro", para então se concentrarem nas diferenças de gravação e reprodução que interessam à disciplina.

Após algumas audições iniciais, situacionalizadas previamente pelo professor (pode, inclusive, explicar resumidamente a história da ópera em questão), deve apresentar os conceitos daquilo que pretende ensinar e então tornar a mostrar as gravações aos alunos, tecendo alguns comentários paralelamente à audição. Feito isso, pode encerrar o trabalho, ou ainda estendê-lo, propondo um exercício prático com seus alunos: reúna alguns de seus alunos num grupo e peça silêncio total à classe. Esse grupo deverá cantar, com naturalidade, durante alguns segundos, uma música previamente escolhida – pode até ser um trecho da "cavatina do Fígaro". O professor acionará um gravador normal e registrará a canção que o grupo executou em dois momentos e de duas formas diferentes, explicando aos alunos os procedimentos durante o processo.

Primeiro, faça um cone de cartolina, por exemplo, e simule os métodos de gravação realizados antes do surgimento do microfone. Direcione sua base para o grupo e sua ponta para o microfone embutido no gravador e então grave. Num outro momento, simule uma gravação mais moderna, com o mesmo grupo e com o mesmo gravador, utilizando um microfone com ou sem fio conectado a ele, sendo que o microfone deverá ficar bem mais próximo das bocas do grupo de cantores. Tente fazer essa segunda gravação em algum local de boa reverberação natural, como um grande salão vazio, por exemplo. Depois das duas gravações feitas, apresente-as aos alunos, para que as ouçam e percebam os diferentes resultados, comparando-os.

O professor de arte tem, na ópera, uma forma musical que pode ser exaustivamente explorada – poderá até propor uma atividade que envolva os alunos para assistirem ao ensaio ou à apresentação de uma obra musical desse porte.

No caso de professores que trabalhem em cidades como São Paulo ou Rio de Janeiro, por exemplo, onde há regularmente temporadas operísticas no teatro municipal, recomendamos que entrem em contato com a secretaria de tais teatros ou com as orquestras sinfônicas que neles atuam, para informarem-se a respeito das óperas que estão programadas para ser apresentadas durante o ano. Assim poderão propor uma atividade a seus alunos que envolva uma ópera a ser apresentada: a classe poderá ou acompanhar a produção, entrevistando as pessoas envolvidas, por exemplo, ou culminar o desenvolvimento do trabalho indo assistir à apresentação.

Na área de arte, portanto, as atividades apoiadas no enredo de uma ópera são diversas, indo desde a possibilidade da representação de uma cena, cantando, ou dublando a melodia original, por exemplo, até o estudo de manifestação artística em si. O professor pode envolver cenografia, vestimenta, representação etc. numa produção conjunta dos alunos que objetive a apresentação para outros alunos e professores da escola (ou para os pais dos alunos) da "cavatina do Fígaro", por exemplo.

Os alunos aprenderão desde história da arte, passando pela prática artística plural e pela organização que uma produção complexa exige, até chegarem à recompensa e reconhecimento manifestados nos aplausos dos espectadores.

A maioria das óperas teve seus libretos escritos em língua italiana e, desse modo, seus textos podem ser interessantes para atividades ligadas ao ensino dessa língua. Recomendo aos professores de língua italiana que também façam uso da "cavatina do Fígaro" da ópera *O barbeiro de Sevilha*, pois poderá tratar temas como a linguagem de época, costumes e situações típicas na cultura italiana. Para auxiliá-lo, bem como aos professores de outras disciplinas, apresento, abaixo, o texto original do referido trecho dessa ópera e também sua versão em português.

Cavatina do Fígaro

Em italiano:

Largo al factotum della città.
Presto a bottega, che l'alba è gia.
Ah, che bel vivere, che bel piacere per un barbiere di qualità!
Ah, bravo Figaro!
Bravo, bravissimo; fortunatissimo per verità!
Pronto a far tutto, la notte e il giorno sempre d'intorno, in giro sta.
Miglior cuccagna per un barbiere, vita più nobile, no, non si da.
Rasori e pettini, lancette e forbici, al mio comando tutto qui sta.
V'è la risorsa, poi, del mestiere colla donnetta... col cavaliere...
Ah, che bel vivere, che bel piacere per un barbiere di qualità!
Tutti mi chiedono, tutti mi vogliono, donne, ragazzi, vecchi, fanciulle:
Qua la parrucca...
Presto la barba...
Qua la sanguigna...
Presto il biblietto...
Figaro... Figaro...
Ahimè, che furia!
Ahimè, che folla!
Un'alla volta, per carità!
Ehi! Figaro! Son qua!
Figaro su...
Figaro giù...
Pronto, prontissimo, son come il fulmine: sono il factotum della città.
Ah, bravo Figaro!
Bravo, bravissimo; a te fortuna non mancherà.

Em português:

Abram alas ao faz-tudo da cidade.
Depressa para a loja que a manhã já chega.
Ah, que belo viver, que belo prazer para um barbeiro de qualidade!
Ah, excelente Fígaro!
Excelente, excelentíssimo; felicíssimo de verdade!
Pronto a fazer tudo, de noite e de dia, sempre à disposição, circulando está.
Melhor existência para um barbeiro, vida mais nobre, não, não há.
Navalhas e pentes, bisturis e tesouras, ao meu comando tudo aqui está.
Há o recurso, ainda, do ofício com a mulherzinha... com o cavalheiro...
Ah, que belo viver, que belo prazer para um barbeiro de qualidade!
Todos me solicitam, todos me querem, mulheres, rapazes, velhos, garotas:

> Aqui a peruca...
> Depressa a barba...
> Aqui a sangria...
> Depressa o recado...
> Fígaro... Fígaro...
> Ai de mim, que afobação!
> Ai de mim, que multidão!
> Um de cada vez, por caridade!
> Eh! Fígaro!
> Estou aqui!
> Fígaro pra cima... Fígaro pra baixo...
> Pronto, prontíssimo, sou como um raio: sou o faz tudo da cidade.
> Ah, excelente Fígaro!
> Excelente, excelentíssimo; para ti a sorte não faltará.

Sugestão

Existem inúmeras óperas e operetas de que os professores de diversas disciplinas podem usar. Entre elas, indica-se:

A flauta mágica, de W. Amadeus Mozart – ano da composição: 1791. Trata-se de uma ópera bastante tradicional, com forte apelo infantil, que pode ser útil em atividades principalmente na área de artes plásticas e cênicas, e literatura (há boas versões cinematográficas dessa obra, como a dirigida por Ingmar Bergman, por exemplo).

O guarani, de Carlos Gomes – ano da composição: 1870 – Célebre obra de um dos maiores compositores brasileiros, nela se encontra a famosa abertura cuja melodia tantos brasileiros conhecem sem saber quem a compôs – é a música tocada todos os dias às 19 horas, em cadeia nacional de rádio em nosso país. Com libreto baseado na obra literária homônima do escritor José de Alencar, pode ser útil obviamente em atividades na área de literatura e também em história, ou geografia.

Aída, de Giuseppe Verdi – ano da composição: 1871. Obra de um dos maiores compositores dessa forma musical, ao lado de Richard Wagner, foi encomendada para celebrar a abertura do canal de Suez. Conta a história de uma escrava etíope, Aída, no Egito antigo, e seu amor pelo guerreiro Radamés, este também desejado pela filha do faraó. Como se percebe, possibilita uma excelente atividade ligada às aulas de arte e de história, quando o assunto é a cultura egípcia do passado (existe a possibilidade de se encontrar facilmente vídeos dessa ópera para locação).

Carmen, de Georges Bizet – ano da composição: 1875 – Uma das mais famosas óperas do mundo. Seu libreto é inspirado em romance de Prosper Mérimée e trata das aventuras amorosas e trágicas, envolvendo um toureiro e um sargento, na vida de Carmen, uma cigana que vive e trabalha numa fábrica de cigarros na cidade de Sevilha, na Espanha. Interessa aos professores de história ou de geografia, principalmente com relação à cultura ibérica, e ainda aos de sociologia, de literatura e de arte (existe a possibilidade de se encontrar facilmente vídeos dessa ópera para locação).

Wozzeck, de Alban Berg – ano da composição: 1925. É um excelente exemplo da ópera contemporânea, pois foge a modelos e a histórias tradicionais das óperas dos séculos anteriores. Como se vê, foi escrita entre as duas grandes guerras mundiais do século XX (e encenada, pela primeira vez, na Alemanha) e conta a história de um soldado raso que é torturado psicologicamente por seus superiores. A composição musical é tão complexa quanto o drama trágico que brota desse enredo. Ótima obra musical para o professor do ensino médio ou superior fazer uso em sala de aula, especialmente em atividades nas áreas de psicologia, história, geografia, medicina, sociologia e literatura.

O teatro

Ao contrário da ópera e do balé, que têm cenas ou coreografias estritamente sujeitas à música, geralmente no teatro, assim como na maioria dos filmes de cinema, temos a música sujeitando-se à arte cênica, ou seja, complementando o espetáculo representado. No entanto, no século XX, surgiram algumas propostas de conjunção e complementação reais entre as artes dramática e musical, isto é, as duas funcionando em conjunto e ambas dependentes uma da outra. Tais propostas tiveram sua gênese nas pantomimas da Antiguidade Clássica. Desse modo, poderemos encontrar desde obras musicais com um narrador e uma orquestra até um grupo musical camerístico com um grupo de atores, por exemplo, atuando todos em conjunto, porém sem que os atores necessariamente cantem ou dancem, mas apenas representem. O compositor Igor Stravinski escreveu uma obra musical, denominada *A história do soldado* (1918), que é um ótimo exemplo dessa interação entre as artes.

ATIVIDADE 33

Área de ampla aplicação
    Arte

Área de restrita aplicação
    História
    Geografia

Objetivo principal
    Em arte: elaborar uma peça teatral ou trabalho plástico baseados na história de Pedro e o Lobo, tendo, como elemento motriz da encenação ou do desenho, pintura etc., a música indicada abaixo.
    Em história: analisar, através da vida de um compositor nascido na Ucrânia em 1891 e morto na Rússia em 1953, o processo da Revolução Russa de 1917, das duas grandes guerras mundiais e das relações entre Estados Unidos e Rússia após 1945.
    Em geografia (histórica e política): (1) analisar, por meio da vida de um compositor nascido na Ucrânia em 1891, a postura da população dos futuros países integrantes da URSS frente ao processo da Revolução Russa de 1917 e das duas grandes guerras mundiais; (2) avaliar o ponto de vista de um cidadão soviético que viveu nos Estados Unidos por quatro anos e depois retornou à URSS em 1936, para lá viver até o fim de sua vida em 1953.

Nível dos alunos
    A partir do 9º ano do ensino fundamental.

Tempo sugerido para o trabalho
    1 aula (no caso de arte, 3 ou mais aulas).

Material
    Música sugerida:
    1) "Pedro e o Lobo", de Sergei Prokofiev, ano da composição: 1936.

Desenvolvimento

Existem sete instrumentos, ou grupo de instrumentos, que foram determinados por Prokofiev como sendo os representantes das personagens ou das ações na história de *Pedro e o Lobo*. O professor de arte pode associar cada instrumento ou grupo de instrumentos a uma determinada personagem ou traço, cor etc. distintos, e, então, mostrando como na música eles se unem para formar o conjunto da peça musical, fazer com que os alunos compreendam como e por que os atores ou os elementos que compõem a construção plástica são combinados, para resultarem numa peça teatral ou num quadro, por exemplo, tal qual os diversos timbres e notas combinadas resultarem na música. Assim os alunos poderão, por exemplo, montar uma cena, ou uma imagem, sob orientação do professor, constituída por sete elementos, nos quais cada um deles possui características próprias, exclusivas.

Nessa música, verifica-se a seguinte correlação entre personagens da história e instrumentos musicais:

Personagem	*Instrumental*
Pedro	Quarteto de cordas
Avô de Pedro	Fagote
Passarinho	Flauta (sons agudos)
Pata	Oboé
Gato	Clarinete (sons graves)
Lobo	Trompas (metais)
Os caçadores	Tímpanos

Eis a sinopse da história: Pedro é um menino que intenciona provar para os adultos que é capaz de caçar um lobo no bosque. Mesmo advertido por seu avô, sai de casa às escondidas, com sua espingarda de brinquedo, à procura do lobo. Andando pelo bosque, Pedro torna-se amigo de um passarinho, de uma pata e de um gato, que resolvem acompanhá-lo na caça ao lobo. Finalmente eles o encontram. Tentam desvencilhar-se da perseguição da fera. Na confusão, procuram proteção num alto galho de uma frondosa árvore e, com velozes artimanhas, acabam por laçar e prender o lobo. Nisso os caçadores, já informados do desaparecimento de Pedro no bosque, encontram-no (o som dos tímpanos representa os tiros de suas armas ecoando pelo bosque). Voltam para a vila, onde apresentam Pedro ao povo como grande herói, por ter caçado o perigoso lobo.

O professor de história, ou geografia, trabalhando ou não interdisciplinarmente com o professor de arte, pode utilizar a música "Pedro e o Lobo" para uma análise da vida de seu compositor, o ucraniano Sergei Prokofiev, visto que viveu entre 1891 e 1953 e, desse modo, foi um artista expressivo da época que participou desde o processo da Revolução Russa de 1917 até as duas grandes guerras mundiais. Reconhecido como um dos grandes compositores do século xx, Prokofiev foi convidado para viver e trabalhar nos Estados Unidos. Não resistiu por muito tempo à saudade das regiões frias de sua terra natal e acabou retornando, fixando sua moradia na Rússia.

Sendo os grandes artistas aqueles que melhor sabem traduzir o sentimento das pessoas de uma geração, funcionando sua expressão como o retrato de uma época, é claro que o professor de história, ou geografia, encontrará, na obra musical de Prokofiev, o espelhamento do período em que viveu esse compositor. É importante perceber que sua qualidade como músico sobrepõe-se a questões políticas radicais entre países rivais nesse período da história, ou seja, foi um dos únicos artistas consagrados que teve a oportunidade de conhecer, antes da revolução de 1917, o regime político da Ucrânia, Rússia etc., e posteriormente conhecer o regime político capitalista nos Estados Unidos e, finalmente, conhecer o regime político socialista onde foi aplicado com mais eficiência. Portanto, esse compositor viveu nas sociedades de dois lados extremamente opostos e, assim sendo, será útil para o professor de história ou geografia conhecer mais sua obra, sua vida e suas reflexões, pois, por meio desse conhecimento, poderá apresentar a seus alunos não apenas os fatos como aconteceram, mas também como é que um cidadão, que teve uma vida dedicada a uma causa humanista, observou os fatos a partir da convivência que teve com eles.

III – REFERÊNCIAS PARA TRABALHOS COM MÚSICA

Bibliografia Elementar Comentada

ADOLFO, Antônio. *Composição – uma discussão sobre o processo criativo brasileiro*, Rio de Janeiro, Lumiar, 1997.
Mesmo sendo um livro mais avançado em termos técnicos dentro da música, é altamente indicado aos professores que pretendam trabalhar com canções brasileiras em sala de aula, principalmente aos de língua portuguesa, de literatura e, até certo ponto, de história.

ALBIN, Ricardo Cravo. *MPB, a história de um século*, Rio de Janeiro/São Paulo, FUNARTE/Atração Produções Ilimitadas, 1997.
Para o professor que necessite principalmente de imagens fotográficas de artistas da música brasileira esse livro é altamente recomendável.

ANDRADE, Mário de. *Pequena história da música*, 8ª edição, São Paulo/Belo Horizonte, Martins/Itatiaia, 1980.
Os livros de Mário de Andrade são sempre garantia de uma agradável leitura. Citei apenas esse, porém existem outros escritos seus que abordam questões relacionadas à música e que igualmente merecem atenção. Recomendo a leitura a todos os professores, ainda que interesse, mais diretamente, aos professores de literatura e de história, por motivos óbvios.

BARRAUD, Henry. *Para compreender as músicas de hoje*, São Paulo, Perspectiva, s/d.
Excelente livro, porém de difícil leitura para o leigo em música. Válido, portanto, para um aprofundamento, principalmente para compreender as complexidades das músicas compostas no século XX. As músicas que relaciona e comenta são de alto nível, sendo que acompanha o livro um disco que traz trechos delas. Útil, em princípio, aos professores de história, psicologia, matemática, física, linguística e línguas em geral.

BENNET, Roy. *Forma e estrutura na música*, 3ª edição, trad. de Luiz C. Csëko e rev. de Luiz P. Horta, Rio de Janeiro, Zahar, 1986.
Livro importante para todo professor que pretenda trabalhar com a música em sala de aula, a partir das formas musicais. Especialmente proveitoso para os professores de matemática, arte cênica, ou educação física que poderão desenvolver atividades fundadas nas distinções entre estruturas musicais binárias e ternárias nas músicas, por exemplo, muito bem abordadas e explicadas nesse livro. Além disso, traz partituras para que o professor, caso domine algum instrumento musical, possa executar certas melodias indicadas durante as aulas. Complementando esse livro, indico outros dois (mais avançados) do mesmo autor e da mesma coleção: *Elementos básicos da música* e *Como ler uma partitura*.

_____. *Instrumentos da orquestra*, trad. de Luiz C. Csëko, rev. de Luiz P. Horta e apres. de Mário Tavares, Rio de Janeiro, Zahar, 1985.
Especialmente interessante ao professor de física (acústica) e ao professor de arte (elementos diversos de um conjunto formando um todo, ou agindo em prol de um todo), esse livro, além de discutir sobre diversos instrumentos musicais, assim como o anterior, conta com indicações musicais e trechos de partituras, para que se possam ouvir e acompanhar visualmente no papel determinados instrumentos no instante em que soam como solistas nas peças musicais sugeridas.

COPLAND, Aaron. *Como ouvir (e entender) música*, trad. de Luiz P. Horta, Rio de Janeiro, Artenova, 1974.
Livro que aborda com bastante propriedade o assunto a que se propõe. Vale muito para uma introdução do ouvinte leigo ao mundo da música. As únicas ressalvas são algumas posturas um tanto inflexíveis de seu autor, daí a válida confrontação de suas ideias com as de outros autores igualmente competentes. Observação: oferece um bom roteiro de músicas que, de preferência, devem ser escutadas pelo leitor durante o período em que desenvolve sua leitura.

CHEDIAK, Almir. *Song Book Tom Jobim 1, 2 e 3*, Rio de Janeiro, Lumiar, 1990.
Uma iniciativa louvável de Chediak que tem possibilitado, até certo ponto, a preservação da memória musical brasileira, uma vez que livros desse tipo apresentam a partitura e a letra de inúmeras canções do compositor a que se refere, além de alguns artigos críticos ou biográficos interessantes. Vale conferir toda a coleção.

Dicionário de Música, editoria de Luiz Paulo Horta, trad. de Álvaro Cabral e organização de Alan Isaacs e E. Martin, Rio de Janeiro, Zahar, 1985.
Apesar de limitado (não podemos compará-lo, por exemplo, com o *Oxford*), é um dos melhores e mais acessíveis dicionários de música que nossos

professores têm à disposição. Além disso, tem a vantagem de, na versão em português, contar com muita informação sobre a música brasileira. Portanto, é uma inestimável fonte de consulta (com algumas ilustrações) a todos os interessados – seus verbetes estão escritos de modo que possibilitam uma leitura leve, agradável e de fácil compreensão, mesmo para o leigo em música.

Enciclopédia brasileira de música: erudita, folclórica e popular, São Paulo, Art Editora, 1977.
Obra de referência obrigatória. Em dois volumes, editada por Marcos A. Marcondes e coordenada por especialistas como Régis Duprat, Oneyda Alvarenga e José E. Homem de Melo, essa enciclopédia é uma fonte de consulta inestimável sobre a música brasileira. É importante qualquer consulta do professor a ela caso utilize músicas de nosso país em sala de aula. Observação: há um LP que acompanha a enciclopédia.

Enciclopédia da música brasileira, São Paulo, Publifolha, 1998.
Obra em um único volume, não é tão completa quanto a anterior, porém traz informações mais atualizadas e é mais fácil de ser encontrada. Muito útil ao professor de qualquer área.

FARIA, Maria Alice. ***Como usar o jornal na sala de aula***, coleção Repensando o Ensino, São Paulo, Contexto, 1996.
Primeiro livro da coleção *Repensando o Ensino*, traz para o professor ótimas sugestões que, em certa medida, podem inspirar a criação de outros métodos de utilização da música em sala de aula, ou até mesmo a integração entre o jornal e a música para um trabalho mais abrangente. Vale muito sua leitura, pois foi precursor da coleção na qual minha proposta se insere, sendo que, nesse ponto, complementa este livro.
Aconselho, também, a leitura de outros livros da coleção, principalmente o escrito por Marcos Napolitano, *Como usar a televisão na sala de aula*, que trata do tema ligado à TV, igualmente próximo da área musical e, portanto, pode inspirar um trabalho integrado.

GIL, Gilberto. *Gilberto Gil: todas as letras*, organização de Carlos Rennó, São Paulo, Companhia da Letras, 1996.
Livro com muitas letras desse compositor (o "todas" do título refere-se à produção até o ano da edição do livro). Interessa mais aos professores de história e de literatura.

GUEDES, Beto. *O melhor de Beto Guedes: melodias cifradas para violão, guitarra e teclado*, São Paulo, Irmãos Vitale, 1997.
Uma coleção editada pela Irmãos Vitale, editora que se dedica à publicação de partituras e livros ligados à música há muito tempo e tem vasto catálogo. Nessa coleção, especificamente, figuram nomes de Pixinguinha a Pepeu Gomes.

Beto Guedes e Milton Nascimento são expoentes da música de Minas Gerais das décadas de 1960, 1970 e 1980, e suas melodias são carregadas de características que não se encontram, por exemplo, nos sambas ou nos choros dos estados do Rio de Janeiro e São Paulo – são um retrato da cultura mineira. Merecem maior atenção dos ouvintes principalmente na questão da sonoridade em si. Têm ótimas canções para trabalhos nas áreas de história, geografia e literatura.

HOLLANDA, Chico Buarque de. *Chico Buarque, letra e música*, organização de Humberto Werneck, São Paulo, Companhia da Letras, 1989.
Livro com diversas letras de música desse compositor, divide-se em dois volumes. Útil principalmente aos professores de história, de línguas e de literatura.

JEANDOT, Nicole. *Explorando o universo da música*, série Pensamento e Ação no Magistério, São Paulo, Scipione, 1990.
Indispensável a leitura desse livro pelos professores das mais diversas áreas, interessados em utilizar a música com seus alunos, principalmente se atuam no ensino fundamental.
O livro sugere atividades diversas, porém, mais voltadas ao ensino *da* música e não *por meio* da música; mesmo assim, é bem conveniente, pois é muito claro e direto nas propostas que faz, de modo que poderá auxiliar qualquer professor a elaborar uma atividade específica que utilize a música em sua área educacional.

JOURDAIN, Robert. *Música, cérebro e êxtase*, trad. de Sônia Coutinho, Objetiva, 1998.
Livro interessante, com uma abordagem que trata das relações entre nossa imaginação e a música – recomendável para os professores das áreas ligadas à biologia.

KENDALL, Alan. *The Chronicle of Classical Music*, London, Thames and Hudson, 1994.
Ótima referência para o professor que precisa de ilustrações relacionadas à música em sala de aula. Livro de tamanho grande, topicaliza por ordem cronológica a vida dos compositores e os principais acontecimentos da história da música.

LACERDA, Osvaldo. *Compêndio de teoria elementar da música*, 4ª edição, São Paulo, Ricordi Brasileira (Musicália), 1976.
Escrito pelo compositor brasileiro Lacerda, esse livro é claro e direto naquilo que se propõe. Indico-o para o professor que necessite sanar qualquer dúvida a respeito de teoria musical. Trata-se de uma fonte de consulta permanente e não de um livro de leitura fluente.

MCLEISH, Kenneth e Valerie. *Guia do ouvinte de música clássica*, trad. De Ênio Silveira e Eduardo F. Alves, parte brasileira por Luiz P. Horta, Rio de Janeiro, Zahar, 1996.
Precioso guia que fornece além de indicações das obras-primas da música também um pequeno histórico de cada compositor. Creio ser o único guia sério e mais completo do gênero editado no Brasil. Importante para a consulta dos ouvintes em geral, entre eles, os professores. Útil para a introdução no mundo da música, porém, é preciso que o ouvinte ultrapasse-o e conheça outras obras e mesmo outros compositores que não estejam relacionados no guia – a arte de combinar sons não se restringe às salas de concerto.

MICHELS, Ulrich. *Atlas de música I e II*, trad. de León Mames. Madrid, Alianza Editorial, 1985.
Magnífica edição espanhola a partir de original em alemão. São, como o título indica, atlas e, desse modo, apresentam toda a música, desde seus aspectos filosóficos e estruturais até os históricos e geográficos, de maneira objetiva, clara e sintética. Ricamente ilustrado, num estilo próximo ao enciclopédico, é fruto do trabalho de uma grande e seleta equipe de profissionais da área musical. A leitura e consulta permanente é recomendada aos professores e alunos das mais variadas disciplinas. A presença de tais livros nas estantes das bibliotecas das escolas é obrigatória. Observação: o segundo volume é mais difícil de ser encontrado nos postos de venda. Sugerimos a importação por livraria especializada em livros de música ou em livros espanhóis.

MIRANDA, Marlui. *Ihu: todos os sons*, São Paulo, Terra Editora, 1995.
Resultado dos trabalhos dessa dedicada pesquisadora junto às comunidades indígenas brasileiras, esse livro, com partituras com arranjos da autora e breve histórico escrito em português, inglês e alemão, é muito útil ao professor de língua portuguesa, literatura, história, geografia, linguística e antropologia, entre outras disciplinas, uma vez que resgata um pouco da música das culturas indígenas do Brasil que, ao longo de tantos anos, foram esquecidas a ponto de muitas melodias perderem-se no tempo. É um tema atual, bem brasileiro e que atrai muito a atenção dos alunos. Vale conferir. Observação: o CD traz obviamente o registro sonoro e as letras, porém, o livro é bem mais completo em informações para o professor, mesmo que ele não entenda nada sobre partituras.

MORAES, Vinicius de. *Livro de Letras/Vinicius de Moraes*, com texto de José Castello, São Paulo, Companhia das Letras, 1991.
Trata-se de um livro com várias letras de música desse escritor e compositor. Indicado principalmente aos professores de história, de línguas e de literatura.

Música para a escola elementar, Rio de Janeiro, Instituto Nacional de Estudos Pedagógicos, 1955.

Há um livro mais recente, de 1962, praticamente idêntico a esse, cujo título é *Música na escola primária*, da coleção biblioteca da professora brasileira, editado pelo Ministério da Educação e Cultura brasileiro.

Serve bem àqueles que saibam compreender ao menos um pouco uma partitura e, se possível, saibam executar suas notas em algum instrumento musical.

Possui, entre outras, partituras (com as letras das canções) de vários hinos cívicos e músicas folclóricas (natalinas, juninas, sobre a primavera ou datas especiais, sobre conhecimentos gerais etc.). Algumas delas podem servir para aulas de língua portuguesa ou matemática no ensino fundamental; por exemplo: "As vogais", de M. G. Courrado e Cacilda B. Barbosa, no primeiro caso, e "Eu quero fazer contas", de M. S. De Almeida e França Campos; "A velha que tinha nove filhas", de compositor anônimo; e "Minha galinha pintadinha", de O. B. Pohlmam e Cacilda B. Barbosa, no segundo caso.

NEPOMUCENO, Rosa. *Música caipira, da roça ao rodeio*, Editora 34, 1999.

Livro repleto de informações e curiosidades sobre a música brasileira feita no meio rural, que acaba por conquistar os ouvintes das grandes cidades. Útil para os professores de geografia, história e arte.

PAHLEN, Kurt. *Appassionata – cartas de amor dos grandes músicos*, trad. Genésio Pereira Filho, São Paulo, Melhoramentos, 1992.

Bom para o trabalho com adolescentes. Serve mais diretamente aos professores de língua portuguesa e história, ou ainda, no caso do ensino superior, de psicologia, de música etc. Podem-se avaliar as ideias e a construção discursiva textual das pessoas que conseguiram expressar-se por meio da linguagem musical com enorme talento e/ou ainda detectar, nos textos, costumes de época. Possibilita uma aula atraente e divertida, pois o professor pode colocar as peças musicais de um determinado compositor para os alunos ouvirem durante o período em que discute a expressividade verbal ou o modo de vida desse compositor. Ideal para um pequeno projeto interdisciplinar na escola.

PAYNTER, John and ASTON, Peter. *Sound and silence*, London, Cambridge University Press, 1970.

Bom livro. Merece pelo menos algumas consultas para pensar-se sobre o paralelo entre um som e a ausência dele.

POGUE, David e SPECK, Scott. *Música clássica: o jeito divertido de aprender*, trad. de Jussara Simões, Rio de Janeiro, Campus, 1998.

Livro do tipo: "aprenda tudo em poucas lições", publicado dentro da "Série Para Dummies", talvez nem devesse ser citado aqui, exceto pelo fato de que traz algumas indicações proveitosas sobre o que o leigo deve ouvir. Tais indicações poderão servir de base para que o professor tenha outras ideias para a aplicação da música como subsídio à sua disciplina.

Dispense, porém, certos comentários carregados de clichês que o livro traz. Eles não fazem falta e servem apenas para desviar a atenção dos alunos daquilo que realmente interessa dentro da música, que são as expressividades, as sensações ligadas à sonoridade etc. – todos os bons professores sabem que não existem fórmulas mágicas para apreender-se um conhecimento ou uma experiência de vida, ainda mais se forem no campo musical.

SEVERIANO, J. e MELLO, Zuza H. de. *A canção no tempo: 85 anos de músicas brasileiras*, vol. 2: 1958-1985, São Paulo, Editora 34, 1998.

Tanto o volume indicado quanto o volume 1 são ótimos como fonte de consulta, pois possibilitam ao professor informar-se a respeito das canções brasileiras mais representativas de cada período abordado. Seus autores são excelentes conhecedores da história da MPB. Sua leitura é agradável e bastante acessível ao leigo em música. Recomendado especialmente para a área de história, mas não só.

SILVA, Vânia M. de Campos e. *Educação musical especializada para deficientes mentais*, Goiânia, Oriente, 1975.

Apesar de ser um livro voltado especificamente para o trabalho com deficientes mentais, são extremamente produtivas as consultas a ele para o desenvolvimento de reflexões por parte do professor com relação às reações dos alunos-ouvintes quando são envolvidos pela sonoridade musical.

SNYDERS, Georges. *A escola pode ensinar as alegrias da música?*, 2ª edição, trad. Maria José do A. Ferreira, São Paulo, Cortez, 1994.

Trata-se de um livro importante com as ideias desse educador francês que podem levar o professor a refletir sobre a utilidade de colocar-se a música dentro da sala de aula. Aborda, entre outros, assuntos como as significações das obras-primas musicais e os julgamentos de valor em música. Comenta também sobre o rock, a música folclórica etc.

TATIT, Luiz A. de Moraes. *O cancionista*, São Paulo, EDUSP, 1996.

Livro muito importante para os professores que fazem uso da canção como subsídio para o ensino de suas disciplinas. Este não é tão técnico quanto o de Adolfo que citamos acima, o que facilita a leitura do não músico. Além disso, é bastante profundo nas reflexões que traz: basta dizer que seu autor é um dos maiores especialistas do semiótica da canção. Indispensável ao professor de língua ou literatura.

TINHORÃO, José Ramos. *Música popular: do gramofone ao rádio e TV*, São Paulo, Ática, 1981.
Livro útil aos professores de história, física, arte e comunicação social que pretendam utilizar canções em suas aulas. O autor é um dos mais dedicados pesquisadores de música em atividade em nosso país; portanto, é imprescindível que os professores leiam este ou outro dentre seus vários livros sobre música, caso a intenção seja trabalhar com suas classes utilizando as músicas nacionais. As polêmicas causadas por certas afirmações de Tinhorão servem, às vezes, como contraponto à tendência de cristalização de alguns conceitos como verdades absolutas em música.

WAGNER, Richard. *Os mestres cantores de Nuremberg*, coleção "Obras Imortais", trad. de Manuela Rosa, comentários de Angel F. Mayo, Lisboa, Editorial Notícias, s/d.
Esse livro faz parte de uma boa coleção que fornece os libretos das principais óperas da história da música apresentados em edição bilíngue (no caso, português-alemão). Essa obra de Wagner teve seu libreto escrito pelo próprio compositor. Entre outros livros da coleção, você encontrará *As bodas de Fígaro*, de W. A. Mozart, *La traviata*, de G. Verdi, *Tosca*, de G. Puccini etc. São livros de grande proveito para os professores de línguas e de literaturas em geral, além dos professores de história, geografia etc., no caso de algumas obras específicas.

WISNIK, José Miguel. *O som e o sentido: uma outra história das músicas*, 2ª edição, São Paulo, Companhia das Letras, 1999.
Esse livro leva o professor que o lê a muitas reflexões sobre a música. Escrito por esse conceituado professor de literatura, que também é compositor, é evidente que interessa diretamente aos professores dessa área – mas isso não significa que se restrinja a esses o interesse. Pelo contrário, indico-o aos professores em geral. Um CD, organizado por Hélio Ziskind, acompanha o livro.

Vejamos, agora algumas indicações específicas para professores de história:

COTTE, Roger J. V. *Música e simbolismo*, trad. de R. R. da Silva, São Paulo, Cultrix, 1995.

DUPRAT, Régis (org.). *Música do Brasil colonial*, São Paulo/Ouro Preto, EDUSP/Museu da Inconfidência, 1994.

FRIEDMAN, Myra. *Enterrada viva: a biografia de Janis Joplin*, trad. de Vera N. Pedroso, Rio de Janeiro, Civilização Brasileira, 1985.

KIEFER, Bruno. *História da música brasileira dos primórdios ao início do século XX*, Porto Alegre, Movimento, 1976.

MARIZ, Vasco. *A canção brasileira (erudita, folclórica e popular)*, Rio de Janeiro, MEC, 1959.

MUGGIATI, Roberto. *Rock, o grito e o mito: a música pop como forma de comunicação e contracultura*, Petrópolis, Vozes, 1983.

NASSER, David. *Parceiro da glória: 45 anos na música popular*, Rio de Janeiro – Brasília, José Olympio – INL, 1985.

POUSSER, Henri. *Musique, sémantique, société*, Paris, Editions Casterman.

RAYNOR, Henry. *História social da música – da Idade Média a Beethoven*, trad. de Nathanael C. Caixeiro, Rio de Janeiro, Zahar, 1981.

SQUEFF, Ênio. *A música na revolução francesa*, Porto Alegre, L&PM, 1989.

Algumas indicações específicas para os professores de literatura e de línguas:

BACKÈS, Jean-Louis. *Musique et littérature: essai de poétique comparée*, Paris, Presses Universitaires de France, 1994.

BARRAS, Vincent et ZURBRUGG, N. (org.). *Poésies sonores*, Paris, Contrechamps, 1992.

DAGHLIAN, Carlos (org.). *Poesia e música*, col. Debates nº 195, São Paulo, Perspectiva.

MASSINI-CAGLIARI, Gladis. *Acento e ritmo*, São Paulo, Contexto, 1992.

MENEZES, Philadelpho (org.). *Poesia sonora: poéticas experimentais da voz no século XX*, São Paulo, EDUC, 1992.

PIVA, Luiz. *Literatura e música*, Brasília, Musimed, 1990.

SANT'ANNA, Affonso R. de. *Música popular e moderna poesia brasileira*, Petrópolis, Vozes, 1980.

SOPEÑA, Federico. *Música e literatura*, trad. de Cláudia A. Schiling, São Paulo, Nerman, 1989.

Indicação específica para os professores de biologia (1), física (2) e educação física (3):

CORNUT, Guy. *La voix*, Paris, Presses Universitaires de France, 1986.

MATRAS, Jean-Jacques. *Le son*, Paris, Presses Universitaires de France, 1982.

OSSONA, Paulina. *A educação pela dança*, vol. 33, São Paulo, Summus, 1988.

MULTIMEIOS COMENTADOS

Meios fonográficos

Seria extenso demais relacionar todos os títulos, gravadoras etc., como gostaria neste tópico. Assim, prefiro apenas indicar algumas referências que certamente serão úteis aos professores brasileiros, seja pelo conteúdo daquilo que trazem e/ou o baixo custo pela aquisição. Lembre-se: assim como nem sempre o mais caro CD é o melhor, também nem sempre o mais barato CD é o pior, mas é preciso atenção na hora da compra, uma vez que a mediocridade das gravações e o desrespeito com o ouvinte imperam entre os CDs a preços mais populares. É aconselhável ler sempre a crítica especializada em revistas de música, na Internet etc., pois é um referencial mais confiável, tanto no caso de uma ópera quanto no caso de uma banda heavy metal, por exemplo.

A Gramophone costuma editar um catálogo comentado, com rica ficha técnica dos CDs lançados, no campo da música mais erudita. Nas boas livrarias, é fácil encontrar essa edição em inglês. Seu nome é: Gramaphone Classical Good CD Guide.

Tal catálogo é um excelente referencial para o leigo inteirar-se dos repertórios musicais e dos seus intérpretes; possui um prático índice com três opções de busca: por gravadoras, artistas e compositores, o qual, por si só, já se configura como um retrato da música nos dias de hoje.

O professor ou o ouvinte iniciante devem atentar para a excelente sugestão de composições básicas que devem obrigatoriamente figurar na lista de gravações fonográficas que devemos ter em nossa discoteca particular, pois é bastante apropriada.

A Funarte vem, há algum tempo, produzindo CDs a preços acessíveis que resgatam e promovem diversas composições musicais brasileiras. Esse conjunto de CDs tem o nome de "Acervo Funarte – música brasileira". Trata-se de uma iniciativa que merece elogios e deve ser estimulada, uma vez que existe um rico material musical em nosso país que é desconhecido pela maioria das pessoas. Além dos CDs, existem livros de música que são publicados. É importante que o professor escreva para a Funarte, ou visite uma de suas lojas e solicite o catálogo de suas produções, tanto para inteirar-se daquilo que existe disponível, quanto para adquirir algumas gravações de música brasileira que sejam úteis a si ou à escola em que trabalha. Sugerimos atenção ao resgate das músicas folclóricas brasileiras e às composições voltadas para crianças.

A Soarmec (Sociedade Amigos da Rádio MEC) tem, com muito esforço, conseguido levar a cabo um belíssimo projeto de transformar em CDs muitas das gravações da Rádio MEC do Rio de Janeiro, realizadas em seus estúdios ao longo de anos de existência. São vendidos separadamente ou em simpáticas caixinhas, com cinco CDs cada uma, que reproduzem, em miniatura, modelos de aparelhos de rádio antigos. As três primeiras caixas privilegiam composições (muitas delas inéditas) ou interpretações de músicos brasileiros, como Carlos Gomes, Villa-Lobos, Jacob do Bandolim, Edino Krieger, Cláudio Santoro, Camargo Guarnieri e Lorenzo Fernândez, entre outros. São composições de primeira linha e deveriam ser ouvidas por muitas pessoas, principalmente as que ainda acreditam que os grandes compositores de música nascem apenas na Europa.

O selo Pau Brasil tem, em seu catálogo, títulos de um primor que lembra as seleções de intérpretes e músicas do selo Marcus Pereira. Há uma preocupação com a música feita hoje nos mais variados confins do Brasil. Indispensáveis seus CDs. Nossos alunos precisam saber que a música brasileira vai além do pandeiro, tamborim, surdo etc., conhecendo também a viola caipira, os instrumentos indígenas etc.

O Projeto Memória Brasileira é outro selo cujo catálogo apresenta títulos indispensáveis. Da qualidade na seleção de intérpretes e músicas até a ambientalização nas gravações, seus CDs são de primeira linha. A música predominantemente instrumental, interpretada por músicos brasileiros, é a que caracteriza o selo.

O selo Eldorado também merece atenção. Atuando no mercado há bastante tempo, tem muitos títulos em CDs, mas também raridades em LPs que podem ser encontradas em sebos. É um selo brasileiro que traz, em seu catálogo, músicos internacionais também. A qualidade na produção das gravações sempre foi uma marca registrada desse selo. Recentemente lançou uma série de CDs intitulada "História da Música Brasileira", com direção de Ricardo Kanji, que pode ser muito útil especialmente aos professores de história, uma vez que a proposta é apresentar um panorama da música feita no Brasil durante os quinhentos anos de existência do país.

O selo Festa, por meio da distribuidora Eldorado (a mesma do selo anterior), tem lançado tem CDs produções primorosas e históricas realizadas por Irineu Garcia, há muito tempo inacessíveis ao grande público. Entre eles é possível encontrar, por exemplo, "Modinhas fora de moda" com canções do século XIX e do início do século XX, cantadas por Lenita Bruna, ou "O pequeno príncipe" com texto de Saint-Exupéry traduzido, interpretado por Paulo Autran e Gloria Cometh, e música de A. C. Jobim.

Para o professor interessado nas músicas dos índios brasileiros recomendamos os CDs produzidos pelo Núcleo de Cultura Indígena, que sempre apresentam um significativo conjunto de cantos, selecionados por um Conselho Tribal e interpretados por representantes de um determinado povoamento indígena – nos encartes dos CDs, existem explicações a respeito de cada um dos cantos.

Caso o professor necessite de um CD com os hinos brasileiros, há dois que são interessantes: um com a Banda do Corpo de Fuzileiros Navais e o Coral Misto de Escolas da Guanabara, do selo Festa, e outro com a orquestra e o coral de crianças que fazem parte do Projeto Guri (da Secretaria da Cultura do Estado de São Paulo), da editora Panda. O primeiro traz o Hino Nacional Brasileiro, o Hino da Independência do Brasil, o Hino da Proclamação da República e o Hino à Bandeira cantados de modo tradicional, ou só instrumentais, num total de oito faixas. O segundo CD apresenta somente os três primeiros hinos acima relacionados, mas tem os atrativos de ser cantado apenas por crianças, o que confere uma emoção a mais na interpretação, e de ser vendido conjuntamente com um livro infantil ilustrado de Marcelo Duarte, que conta, de uma forma bastante divertida, a história do Hino Nacional Brasileiro, inclusive explicando sua letra.

Os hinos do CD do selo Festa são interpretados de maneira bastante correta: a banda é precisa e disciplinada nos aspectos musicais; o coral também, apesar de certos deslizes entre o texto que é cantado e o texto que é apresentado no encarte – no Hino à Bandeira, por exemplo, o Coral canta "peito juvenil", enquanto que o encarte traz escrito "peito varonil". Os hinos do CD que acompanha o livro de Marcelo Duarte pecam um pouco, no geral, no aspecto técnico-musical da interpretação, mas são muito ricos em expressividade: destaco a belíssima interpretação do Hino da Independência, no qual transparece o cuidadoso trabalho feito pelos regentes do coral e da orquestra. Importante observar que no CD do selo Festa o Coral não canta o Hino da Proclamação da República integralmente, enquanto que no CD do Projeto Guri o hino é cantado na íntegra.

O selo Revivendo traz, em seu catálogo, diversos CDs com gravações raras e/ou históricas da música brasileira, geralmente extraídas a partir de discos em 78 rpm. É outra iniciativa que merece destaque, posto que, além de preservar a memória musical brasileira, possibilita ao grande público o acesso a músicas brasileiras que muitos brasileiros nem sequer supõem a existência. É válido que o professor solicite o catálogo de títulos ao selo Revivendo e adquira algumas preciosidades de sua preferência. Sugerimos um começo pelos CDs com os antigos "cantores do Rádio", como Carmen Miranda, por exemplo, ou ainda com compositores da primeira metade do século xx, como Noel Rosa, Sinhô etc.

O selo Palavra Cantada oferece ótimos títulos em seu catálogo de CDs destinados especificamente à música para crianças (para o professor que trabalha com alunos de pré-escola, o disco *Canções de ninar*, por exemplo, é excelente). A iniciativa de músicos e educadores fazerem a música para tais ouvintes é importante, principalmente no Brasil, onde artistas de TV, por exemplo, são transformados em "cantores" com uma facilidade espantosa, e, na maioria das vezes, o resultado disso é uma afronta aos ouvidos; mesmo a letra de certas canções é péssima, chegando até a vulgaridade verbal e/ou moral. Muitos pais não percebem, mas, quando compram um disco desse tipo para seus filhos, estão prestando um grande desserviço à sua educação.

O selo Comerati tem lançado alguns títulos interessantes, entre os quais indica-se o CD do grupo Ya Nur intitulado *Todos os cantos da Terra*, que é de grande valia para as aulas dos professores de geografia ou de história, uma vez que apresenta nove músicas de diferentes regiões e culturas do nosso planeta, todas interpretadas com instrumentos típicos, ou inovadores.

Recomendamos para o professor de Educação Física o CD *Em movimento*, de Nahim Marun, com composições para piano de Eduardo Seincman. Trata-se de edição comemorativa dos 25 anos de existência do Centro de Práticas Esportivas da USP, lançada em 1996, com seis peças intituladas "Aquecendo", "Agitado", "Andando", "Meio-jogo", "Brincando" e "Final". As melodias são ótimas como apoio para diversas atividades corpóreas dos alunos.

Caso o professor tenha acesso à Internet, é interessante uma pesquisa em sites de outros países, com vistas à aquisição de discos de outras culturas que lhe podem ser úteis. O professor de história, nos sites de Portugal, por exemplo, poderá comprar discos como o dos Segréis de Lisboa e do Coro da Câmara de Lisboa, intitulado *La portingaloise*, que traz mais de vinte músicas da época dos Descobrimentos, entre outros.

INTERNET

Para informações adicionais sobre rádios, televisões, letras de canções etc., acesse os seguintes sites:
www.martinsferreira.net
www.editoracontexto.com.br

Sugestões, críticas, ideias e contribuições serão bem-vindas e podem ser enviadas ao autor por meio da Editora Contexto.

Agradecimentos

Pela colaboração direta neste livro agradeço aos amigos Suzete Roche Ferreira, Débora Roche Ferreira, Fernanda Roche Ferreira, Fábio dos Santos Martins, Tiago Martins Abati, Marcos Martins Abati, André Martins Villaça, Fernando Martins A. da Silva, Adriana Martins A. Da Silva, Alencar Martins Izidoro, Vinícius Martins Izidoro, Jaime Pinsky, Carla Bassanezi, Daisy Barretta, João Azenha Júnior, Antônio Carlos Domingues, Alexandre Lourenço, Alfredo Mansur, Letícia Lessa Mansur, André Mansur, Thomaz A. M. Napoleão, Maurício Monteiro, Maria Cristina Hennes Sampaio, Maria José M. França, Maria de Nazareth O. de S. Ablas, Júlio da Costa Feliz, Heloisa Fischer, Lúcia Rodrigues, Sérgio I. Chnee, Bruno Gouveia, James Correa, Fidja Nicolai de Siqueira, Paulo Motta, Célio Barros, Henrique Autran Dourado, José Augusto Mannis, Ragnhild Borgomanero, Paulo Eduardo C. S. De Almeida Neves, Alexandre de O. Pimentel, Juracy Cardoso, Thiago Gobet Spada, Marcelo Ruiz, André Siqueira, Miguel Archanjo, Ivana Pinho, Moraes Moreira, Kiko Zambianchi, Rosiane Lovato, Wagner Tiso, Cristina Tourinho, Raimundo Saraiva e pessoal dos grupos Pavilhão 9, Biquini Cavadão e Capital Inicial.

Pela colaboração indireta neste livro agradeço aos amigos Maria Aparecida de C. B. Santilli, Marília Pini, Sebastião P. Amâncio, Catherine A. M. Martin, Vanessa F. Coutinho, Fernando B. Thomé, Luiz Augusto Tatit, José Miguel Wisnik, Alcides Villaça, Juassir Martins Izidoro, Sérgio Mascarenhas, Roberto Manzo, Ricardo Rizek, André Abujamra, Adilson Rodrigues, Gerson de Oliveira, Artur da Silva Moreira, Claudiney R. Carrasco, Gilson Pedro, Juan Serrano, Flávio Florence, Ricardo Lobo, Benito Juarez, Eleazar de Carvalho, Sonia Muniz e Mário Ficarelli.

Um abraço especial ao Desidério Ferreira Neto, à Rosemary Ferreira, ao Marcos F. Napolitano Eugênio, à Mariana Martins Villaça, ao José Pereira Martins, à Lílian M. Mayer, à Sandra Espiresz e ao José Carlos Amaral Vieira, grandes companheiros nas conversas e trocas de mensagens sobre música enquanto eu escrevia este livro.

Um abraço especial, com estima, à Zilda Maria Zapparoli, pelo carinho e pelas correções.

Um beijo ao Helio Ferreira e à Maria de Lourdes Martins Ferreira, por tudo.